Rita Steininger

BAND 2:
3-6 Jahre

Das kann ich schon!

So entwickelt sich Ihr Kind im Kita-Alter

DAS ELTERNMAGAZIN FÜR DIE KITAZEIT

Inhalt

Kinder lernen am besten, wenn sie sich geliebt und geborgen fühlen

Schau, was ich schon alles kann!

Die Entwicklung von drei bis sechs Jahren

Moritz und Fabian sind dicke Freunde. *Nicht nur im Kindergarten stecken die beiden Fünfjährigen ständig zusammen, sie besuchen sich auch häufig zu Hause. Heute ist Fabian bei Moritz zu Besuch. Der zeigt ihm gleich stolz das Klettergerüst, das sein Vater im Garten für ihn aufgebaut hat. „Ich bin als Erster oben!", ruft Moritz und klettert los. „Nein, iiiich!", schreit Fabian und setzt sich ebenfalls schnell in Bewegung. Keuchend und mit verbissener Miene ziehen sich die beiden Jungs an dem schwankenden Netz nach oben. Tatsächlich kommt Moritz eine Sekunde eher an als sein Kumpel und stößt ein lautes Triumphgeheul aus. „Das gilt nicht, du hast geschummelt!", schreit Fabian. „Jetzt machen wir es noch mal und dann darf keiner früher losklettern, sonst hat er verloren."*

In der Kindergartenzeit sammelt ein Kind viele neue Erfahrungen, durch die es wachsen und sich weiterentwickeln kann. Es lernt, auf andere zuzugehen, knüpft erste Freundschaften und erweitert unermüdlich seine sozialen und sprachlichen Kompetenzen. Es hat Spaß am spielerischen Wettbewerb und erprobt dabei, wie Moritz und Fabian, unentwegt seine motorische Geschicklichkeit: Wer von uns kann höher klettern, schneller rennen, besser werfen? Nicht zuletzt bekommt das Kind im Kindergarten täglich neue Anregungen, die seinen Forschergeist wecken und ihm neue Entdeckungen ermöglichen. So eignet es sich im Lauf der Zeit wichtige Fähigkeiten an, die auch für die Anforderungen der Schule von Bedeutung sind.

Jedes Kind entwickelt sich individuell

Dieses Buch beschreibt die Entwicklung von Kindern zwischen drei und sechs Jahren aus einer ganzheitlichen Sicht, die Körper, Geist und Seele einbezieht. Dabei werden die folgenden Entwicklungsbereiche beleuchtet: Motorik, Sprache, kognitive Entwicklung, kreative und künstlerische Fähigkeiten, emotionale und soziale Kompetenzen. Den Abschluss bildet ein Kapitel über den Entwicklungsstand zum Zeitpunkt des Schulbeginns.

Die in den einzelnen Kapiteln beschriebenen Entwicklungsschritte sind jedoch keineswegs als feste Norm aufzufassen. Auch die Entwicklungstabellen am Ende der Kapitel 2, 3, 4 und 8 verstehen sich nicht als Checklisten, sondern dienen lediglich der Orientierung. Deshalb sind sie auch bewusst mit dem Hinweis „Das kann Ihr Kind oder wird es in den nächsten Monaten lernen" versehen. Nur in Einzelfällen können die Tabellen Anhaltspunkte dafür liefern, dass in einem bestimmten Bereich möglicherweise Schwierigkeiten bestehen, die eine spezielle Förderung erfordern.

Man weiß heute, dass sich Kinder nicht nur höchst unterschiedlich entwickeln, sondern dass in einem Entwicklungsbereich auch manchmal ein regelrechter Stillstand – sogar ein vermeintlicher Rückschritt – eintreten kann. So kann es vorkommen, dass ein Dreijähriger, der gestern noch putzmunter durch den Kindergarten wirbelte, plötzlich wieder Trennungsängste zeigt und sich morgens an seine Mutter klammert. In den meisten Fällen ist ein solcher „Hänger" jedoch nicht bedenklich. Im Gegenteil, auf einen „Stillstand" folgt meistens ein deutlicher Entwicklungsschub.

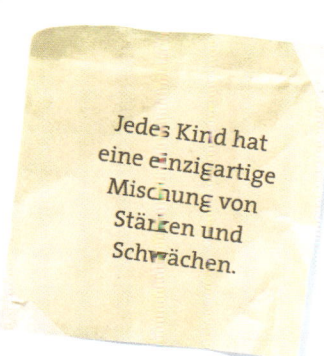

Jedes Kind hat eine einzigartige Mischung von Stärken und Schwächen.

Entwicklungsdokumentation in der Kita

Nicht nur Sie als Eltern spielen für die Entwicklungsbegleitung Ihres Kindes eine wichtige Rolle, sondern auch die pädagogischen Fachkräfte in der Kita. Dank ihrer Qualifikation können sie die Entwicklung Ihres Kindes kompetent einschätzen, indem sie genau beobachten und dokumentieren: Was kann das Kind schon? Womit hat es noch Schwierigkeiten? Mit welchen Entwicklungsaufgaben ist es gerade beschäftigt? Welcher Entwicklungsschritt steht als nächster an?
Um sich ein möglichst detailliertes Bild zu machen, sind die Erzieherinnen allerdings darauf angewiesen, auch von Ihnen bestimmte Informationen zu erhalten: etwa wie sich Ihr Kind zu Hause verhält

Meilensteine und Grenzsteine

In den Entwicklungstabellen werden überwiegend sogenannte Meilensteine aufgeführt. Darunter versteht man Entwicklungsschritte, die 50 Prozent der Kinder im jeweils angegebenen Alter beherrschen. Wenn Ihr Kind zu den übrigen 50 Prozent gehört, so kann sein Entwicklungsstand dennoch absolut im Bereich des Normalen liegen und muss noch lange keinen Anlass zur Sorge bieten.
Manchmal finden Sie in den Entwicklungstabellen auch die Abkürzung „GS". In diesem Fall handelt es sich um sogenannte Grenzsteine. Das sind Entwicklungsziele, die 90 bis 95 Prozent der Kinder mit normaler Entwicklung im jeweils angegebenen Alter erreichen. Grenzsteine können Ihnen demnach einen Hinweis darauf geben, ob Ihr Kind altersgemäß entwickelt ist oder ob bei ihm eine Entwicklungsverzögerung vorliegen könnte. Letzteres wäre jedoch nur der Fall, wenn Ihr Kind im jeweiligen Bereich mehr als einen Grenzstein verfehlt. Die beschriebenen Grenzsteine beruhen auf den Entwicklungstabellen des Kinderneurologen Prof. Dr. Richard Michaelis (siehe Bücher im Anhang).

und wie sich die täglichen Abläufe in Ihrer Familie gestalten. Umgekehrt werden sie Ihnen, wann immer es Anlass oder Gelegenheit gibt, darüber Auskunft geben, wie sich Ihr Kind in der Gruppe verhält und wie es dort mit den anderen Kindern zurechtkommt. Suchen Sie daher das Gespräch mit den Erzieherinnen und pflegen Sie mit ihnen einen regelmäßigen Kontakt. Nutzen Sie zum Beispiel das Bringen und Abholen, um sich kurz mit ihnen auszutauschen.

Das Entwicklungsgespräch

Von besonderer Bedeutung ist in diesem Zusammenhang das persönliche Entwicklungsgespräch, zu dem Sie gewöhnlich einmal im Jahr in die Kita eingeladen werden. Bei diesem Termin können Sie sich mit den Erzieherinnen über alle Dinge austauschen, die in Bezug auf die individuelle Entwicklung Ihres Kindes von Bedeutung sind. Dabei bringen die Fachkräfte eine andere Perspektive auf Ihr Kind ein, die nicht nur mit ihrem pädagogischen Hintergrund zusammenhängt. Vielmehr gewinnen sie einen ganz anderen Eindruck von Ihrem Kind, weil sie es täglich in der Gruppensituation mit Gleichaltrigen erleben. Sie beobachten manchmal Verhaltens- und Reaktionsweisen, die im häuslichen Alltag nicht vorkommen. So werden die Erzieherinnen unter Umständen auch eher auf mögliche Verhaltens- oder Entwicklungsauffälligkeiten aufmerksam, die Ihnen im Umgang mit Ihrem Kind vielleicht entgehen.

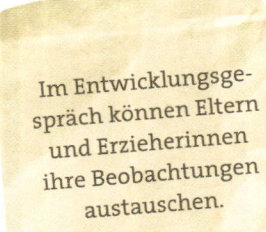

Im Entwicklungsgespräch können Eltern und Erzieherinnen ihre Beobachtungen austauschen.

Fördern, aber nicht überfordern

Das vorliegende Buch will Sie dazu anregen, Ihr Kind in seiner individuellen Entwicklung zu begleiten – es zu fördern, aber nicht zu überfordern. Die praktischen Tipps in diesem Buch sind dabei als Angebote gedacht, die Sie aufgreifen oder abwandeln können, je nachdem, ob und wie Ihr Kind darauf anspricht. Suchen Sie sich die Anregungen heraus, die für Ihren Nachwuchs im Augenblick am interessantesten sind. So stellt sich die Freude am Lernen von selbst ein – und damit auch der Lernerfolg. Kinder prägen sich nachweislich nur das ein, womit sie sich aus eigenem Antrieb befassen. Lassen sich Eltern dagegen von allzu großem Ehrgeiz treiben und überschütten ihr Kind mit Lernangeboten, verliert es vorzeitig die Freude und das Interesse. Der erhoffte Lerneffekt bleibt aus. Und nicht nur das. Überzogener Elternehrgeiz kann geradezu fatale Folgen haben. Die Angst, den Ansprüchen der Eltern nicht gerecht zu werden, ist eine negative Lernerfahrung, die das kindliche Gehirn speichert und welche die Eltern-Kind-Bindung belastet. Darauf hat der Gehirnforscher Prof. Gerald Hüther nachdrücklich hingewiesen.

Auch Remo H. Largo, der bekannte Schweizer Professor für Kinderheilkunde, hat schon vor vielen Jahren in seinem Erfolgsbuch „Kinderjahre" vor dem ausufernden Fördereifer mancher Eltern und Pädagogen gewarnt. Er erinnerte dabei an das bekannte Sprichwort: „Das Gras wächst nicht schneller, wenn man daran zieht." Lago plädiert dafür, ein Kind bei seinem individuellen Entwicklungsstand abzuholen und ihm das anzubieten, was es im Augenblick am meisten will und braucht. Besonders eines legt er allen Eltern ans Herz: dass sie ihr Kind mit all seinen Eigenschaften annehmen und ihm immer wieder das Gefühl geben: „Wir lieben dich so, wie du bist."

> Je genauer Eltern die Bedürfnisse und Interessen ihres Kindes wahrnehmen, desto besser können sie seine Entwicklung unterstützen.

Respektieren Sie die Einzigartigkeit Ihres Kindes. Freuen Sie sich mit ihm über seine Fortschritte, doch nehmen Sie es nicht nur mit seinen Stärken, sondern auch mit seinen Schwächen an. Das ist das schönste Geschenk, das Sie Ihrem Kind mit auf seinen Lebensweg geben können.

Feinmotorische Herausforderungen erfordern viel Konzentration

Den eigenen Körper und seine Fähigkeiten zu spüren, stärkt das Selbstvertrauen

Höher, schneller, geschickter

2

Die motorische Entwicklung

Laura hat zu ihrem vierten Geburtstag ein Kinderfahrrad geschenkt bekommen. *Das hat sie sich brennend gewünscht. Denn seit sie auf dem Weg zum Kindergarten täglich ein Mädchen aus der Nachbarschaft auf dem Fahrrad vorbeifahren sieht, ist ihr Ehrgeiz erwacht: Sie will unbedingt Radfahren lernen. Noch an ihrem Geburtstag fängt Laura mit Papas Hilfe zu üben an. Der Vater hält das Rad am Gepäckträger fest, während Laura kräftig in die Pedale tritt. Nach einer Weile hat der Vater genug und beendet die Übung. Doch am nächsten Tag geht das Training weiter. Und es dauert nicht lange, dann ist es so weit: Mit einem Mal lässt Papa den Gepäckträger los – und sieht erfreut, wie seine Tochter munter weiterfährt. „Super", ruft er ihr hinterher, „du kannst es!"*

In den ersten Lebensjahren Ihres Kindes konnten Sie bereits beobachten, dass es gewisse Entwicklungsschritte wie das Robben-, Krabbeln- oder Laufenlernen weitgehend selbstständig bewältigt, ohne dass Sie mit ihm üben mussten. Das ändert sich auch im Laufe der weiteren motorischen Entwicklung nicht grundlegend. Kinder erwerben Geschicklichkeit, Kraft, Schnelligkeit und Koordinationsfähigkeit weitgehend von allein. Gewiss brauchen sie, wie in unserem Beispiel Laura, manchmal eine helfende Hand, um eine schwierige Herausforderung zum ersten Mal zu bewältigen. Doch letztlich sind solche Hilfestellungen nicht entscheidend. Viel wichtiger ist es, dass Sie die richtigen Rahmenbedingungen schaffen: Bieten Sie Ihrem Kind viele Möglichkeiten an, sich körperlich zu betätigen, damit es Freude an der Bewegung entwickelt und seine Fähigkeiten optimal entfalten kann.

Die drei Grundsinne

Grundsätzlich hängt es von drei Sinnen ab, wie sich ein Kind in seinem Körper fühlt und wie geschickt es ihn bei motorischen Herausforderungen einsetzen kann. Diese drei Sinne werden auch Grundsinne genannt:

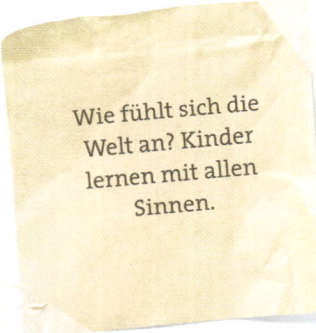

Wie fühlt sich die Welt an? Kinder lernen mit allen Sinnen.

Der Haut- oder Tastsinn vermittelt dem Kind nicht nur Kontakt zu seiner Umwelt durch Fühlreize von außen, sondern auch ein Gespür für den eigenen Körper und seine Grenzen. Die Tastpunkte der Haut nehmen Reize von außen auf und leiten sie an das Gehirn weiter, das sie als Wärme oder Kälte, Berührungen oder Schmerz registriert. Nicht überall am Körper sind die Tastpunkte gleich dicht angesiedelt. An den Fingerkuppen hat ein Quadratzentimeter Haut zum Beispiel wesentlich mehr Tastpunkte als am Ohrläppchen. Deshalb eignen sich die Fingerspitzen besonders gut zum Tasten – eine wichtige Voraussetzung für alle feinmotorischen Fertigkeiten.

Der Muskel- und Stellungssinn ist für die Tiefenwahrnehmung des Körpers zuständig. Wenn Ihr Kind seine Muskeln und Sehnen an- und entspannt, wenn es seine Gliedmaßen und Gelenke beugt und streckt, so vermittelt das seinem Gehirn ständig neue Informationen

Ganz schön stark!

Geben Sie Ihrem Kind im Alltag öfter die Gelegenheit, seine Muskelkraft einzusetzen. Lassen Sie es beim Einkaufen eine Tasche tragen oder den Einkaufswagen schieben. Überlassen Sie ihm auch beim Kochen gelegentlich eine Aufgabe: etwa einen Teig zu rühren oder die Eier aufzuschlagen. So bekommt Ihr Kind ein immer besseres Gespür für die jeweils richtige Kraftdosierung – eine wichtige Voraussetzung für viele grob- und feinmotorische Tätigkeiten.

aus den Tiefen des Körpers. Auf diese Weise bekommt das Kind eine Vorstellung von seinem Körper: wie er sich anfühlt, in welche verschiedenen Positionen es ihn bringen kann, wo er anfängt und wo er aufhört. So kann das Kind Bewegungsabläufe planen und seine Körperposition einer räumlichen Situation anpassen. Zudem bestimmt die Tiefenwahrnehmung den Muskeltonus, das heißt die Grundspannung der Muskulatur. Durch sie lernt das Kind, seinen Krafteinsatz bei jeder Tätigkeit genau richtig zu dosieren, ob es nun darum geht, einen Schraubdeckel zu öffnen oder einen Ball zu werfen.

Der Gleichgewichtssinn liefert dem Gehirn zunächst Informationen über die Lage, die das Kind zum Beispiel im Sitzen, Liegen oder Gehen in Bezug auf die Schwerkraft einnimmt. Außerdem gibt er die Richtung und Geschwindigkeit von Drehbewegungen an. Und er sorgt bei jeder Art von (Fort)Bewegung – sei es beim Laufen, Springen oder Klettern – dafür, dass das Kind in der Balance bleibt. Jeder Mensch hat sieben Sinne. Das sind neben den bereits genannten Grundsinnen der Hörsinn, der Sehsinn, der Geruchssinn und der Geschmackssinn. Alle Sinne beginnen sich schon im Laufe der Schwangerschaft zu entwickeln. In den ersten Lebensjahren eines Kindes differenzieren sie sich dann weiter aus und spielen sich im Laufe der Zeit so aufeinander ein, dass sie optimal miteinander kooperieren. Denn um eine motorische Aufgabe gut zu bewältigen, ist es immer notwendig, dass mehrere Sinne zusammenarbeiten. Dabei geht es darum, viele einzelne Sinneseindrücke zu einem sinnvollen Ganzen zusammenzusetzen.

Sinnliche Erfahrungen steigern die Vernetzung der Nervenzellen im Gehirn.

Wie bereits erwähnt spielen die drei Grundsinne dabei die Hauptrolle. Das gilt für viele alltägliche Handgriffe: Eine Jacke zuknöpfen oder Schuhe binden sind Vorgänge, die das Kind durch häufiges Üben irgendwann so gut beherrscht, dass es sie nebenbei erledigen kann, ohne ihnen eigens Aufmerksamkeit schenken zu müssen. So gewinnen Kinder mit der Entwicklung ihrer Sinne grob- und feinmotorisches Geschick und Bewegungssicherheit.

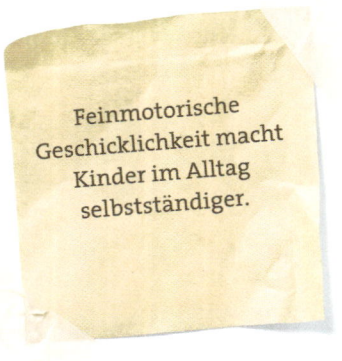

Feinmotorische Geschicklichkeit macht Kinder im Alltag selbstständiger.

Die Grobmotorik macht Fortschritte

Mit drei Jahren ist Ihr Kind in der Lage, sich im Haus und im Freien relativ sicher zu bewegen. Es kann eigenständig die Treppen hinauf- und hinuntersteigen. Treppab geht es zunächst noch mit Vorstellschritt, erst mit etwa vier Jahren ist es in der Lage, die Treppe ohne Festhalten im Wechselschritt abwärtszugehen.

Viele Kinder üben mit drei Jahren schon das Dreiradfahren, wobei ihnen der koordinierte Einsatz der Beine beim Pedaltreten anfangs noch Mühe macht. Dafür bewegen sie sich umso flinker und geübter mit dem Rutschauto vorwärts. Und beim Laufen gelingt es ihnen immer besser, schnell die Richtung zu ändern, etwa um Hindernissen auszuweichen.

Einen Ball zu fangen, fällt einem dreijährigen Kind noch schwer. Einen mittelgroßen Ball erwischt es in der Regel nur, wenn es die Arme waagerecht ausstreckt und der Ball direkt hineingeworfen wird. Beim Werfen bewegt es zunächst nur die Arme; erst bei Vierjährigen werden die Würfe dann kraftvoller und der Oberkörper bewegt sich allmählich mit.

Auf dem Spielplatz zeigen sich Fünfjährige beim Klettern, Rutschen, Springen und Balancieren kaum noch ängstlich, viele können schon selbstständig auf einer Schaukel schaukeln.

Die meisten Kinder beherrschen außerdem schon das Fahrradfahren. Auch beim Werfen, Fangen und Fußballspielen entwickeln sie durch unermüdliches Üben großes Geschick. So beherrschen viele Sechsjährige bereits die Wurftechnik eines Erwachsenen: Sie holen mit dem ganzen Arm Schwung und unterstützen die Armbewegung durch eine leichte Rückwärtsdrehung des Oberkörpers.

Ballspiele jeglicher Art machen Kindern in diesem Alter meist großen Spaß und schulen gleichzeitig ihre Geschicklichkeit. Generell sollten Sie dafür sorgen, dass sich Ihr Kind möglichst täglich im Freien aufhält, um seinen Bewegungsdrang auszuleben. Besonders der Wald mit seinem unebenen Gelände bietet Ihrem Kind viele Herausforderungen. Hier kann es über Gräben springen, auf liegenden Baumstämmen balancieren oder auf Bäume klettern. Dabei macht es nicht nur neue und spannende Bewegungserfahrungen, sondern entwickelt auch ein gesundes Selbstvertrauen.

Sport im Verein

Gegen Ende des sechsten Lebensjahres kann ein Kind im Allgemeinen schwierige Bewegungsabläufe meistern, die ein gutes Gleichgewicht erfordern, wie Schlittschuh- oder Skilaufen. Auch seine Kondition hat sich merklich verbessert. Das sind günstige Voraussetzungen für den Einstieg in eine Sportart wie diese:

Geduld haben: Manchmal braucht es etwas Zeit, bis ein Kind seine Sportart gefunden hat.

Boden- und Geräteturnen ist dank verschiedener Geräte zum Klettern, Schaukeln und Balancieren ein äußerst vielseitiges Training. Es bietet damit eine hervorragende Grundlage für alle weiteren Sportarten.

Mannschaftssportarten wie Fußball oder Handball trainieren die Kondition, Koordination und räumliche Orientierung, setzen aber auch Teamgeist und Durchsetzungsvermögen voraus.

Schwimmen erfordert exakt koordinierte Arm- und Beinbewegungen und stellt hohe Anforderungen an die Motorik und Körperkoordination.

Judo trainiert die Körperkoordination, Kraftdosierung und Eigenwahrnehmung des Körpers und stärkt durch den Körperkontakt mit dem Trainingspartner darüber hinaus die soziale Kompetenz.

Die Feinmotorik verbessert sich

In der Kita beginnt für Ihr Kind die große Zeit des Bastelns und Malens. Die entsprechenden feinmotorischen Basisfähigkeiten sind vorhanden. Dreijährige Kinder können in der Regel eine Kette mit kleinen Perlen auffädeln. Es gelingt ihnen auch, mit einer Kinderschere relativ genau an einer Linie entlangzuschneiden. Zum Bauen und Konstruieren verwenden sie zunächst große Bauteile, dann immer kleinere, die eine sichere Hand erfordern. Der Umgang mit Werkzeugen wie Hammer und Säge macht Kindern im Vorschulalter Spaß und weckt ihren Ehrgeiz.

Zum Essen benutzt das Kind zunächst nur Löffel und Gabel, bevor es lernt, auch das Messer richtig einzusetzen. Dreijährige haben damit noch Schwierigkeiten, Vierjährige kommen mit Messer und Gabel schon recht gut zurecht.

Drei- bis Vierjährigen gelingt es in der Regel, sich weitgehend selbstständig aus- und anzuziehen, wobei ihnen das Schließen von Knöpfen und Reißverschlüssen noch Mühe macht. In diesem Alter tragen die meisten Kinder Schuhe mit Klettverschlüssen, denn das Schuhbinden lernen die meisten erst kurz vor dem Schuleintritt, manche auch etwas später.

Beim Zeichnen und Malen kritzelt Ihr Kind nicht mehr einfach drauflos. Bevor es anfängt, weiß es, was es malen möchte, zum Beispiel die Sonne, Bäume, Blumen, Häuser und Menschen. Schon viele Dreijährige beherrschen die korrekte Stifthaltung: Dabei liegt der Stift zwischen dem Daumen und den Fingerspitzen von Zeige- und Mittelfinger.

Fingerspitzengefühl und eine gute Handmotorik lassen sich auch mit schönen Spielen trainieren:

Sandbild: Zunächst malt Ihr Kind ein Motiv in den Sand. Dann gestaltet es das Bild mit Steinen, Blumen, Gras, Rinde und Schneckenhäusern und umrahmt es mit Zweigen oder Steinen.

Tastversteck: Füllen Sie ein Säckchen mit getrockneten Erbsen, Linsen oder Maiskörnern und verstecken Sie darin einen kleinen Gegenstand. Dann lassen Sie Ihr Kind im Säckchen wühlen, bis es ihn gefunden hat.

Figuren aus Knetmasse: Wenn Ihr Kind nicht zu den begeisterten Bastlern und Zeichnern gehört, macht ihm vielleicht das Modellieren mit Knetmasse Spaß.

Motorische Entwicklung

Alter	Das kann Ihr Kind oder wird es in den nächsten Monaten lernen
3 Jahre	● Kann beim Laufen Hindernisse umsteuern und abrupt anhalten (GS) ● Hüpft beidbeinig von der untersten Treppenstufe und hält dabei sicher das Gleichgewicht (GS) ● Lernt mit Hilfestellung auf einem Steg oder Mäuerchen zu balancieren ● Fängt einen großen Schaumstoffball mit ausgestreckten Armen aus nächster Nähe ● Kann Schraubdeckel öffnen, Knöpfe aufknöpfen und Perlen auffädeln
4 Jahre	● Fährt sicher und zielgerichtet Dreirad und kann dabei Hindernisse umfahren (GS) ● Steigt im Wechselschritt die Treppe hoch, ohne sich festzuhalten (GS) ● Schafft es hin und wieder, einen Ball aufzufangen, den es in die Luft geworfen hat ● Hält Malstifte korrekt mit Daumen, Zeige- und Mittelfinger (GS) ● Schneidet mit der Schere und zeichnet Menschen
5 Jahre	● Läuft treppauf und treppab freihändig im Wechselschritt (GS) ● Kann länger auf einem Bein stehen oder hüpfen ● Lernt Fahrrad zu fahren ● Schneidet mit einer Kinderschere relativ genau an einer geraden Linie entlang (GS)
6 Jahre	● Kann Ski- und Schlittschuhlaufen ● Kann sicher Bälle fangen, die ihm in Brusthöhe zugeworfen werden ● Benutzt allmählich die Wurftechnik eines Erwachsenen ● Kann sich die Schnürsenkel eigenständig zubinden

GS = Grenzstein (siehe Seite 7)

Freude an der Kommunikation ist eine wichtige Voraussetzung für eine gute Sprachentwicklung

3

Ene mene Tintenfass

Die Entwicklung der Sprache

„Heute war was los im Kindergarten!", berichtet Marie, fünfeinhalb Jahre, ihren Eltern mit freudiger Miene. „Was denn?", erkundigt sich ihre Mutter. Marie holt erst einmal tief Luft, bevor sie loslegt: „Also, das war so: Wir haben draußen im Garten Ball gespielt und da hat Luca plötzlich eine weiße Katze entdeckt, die ist auf einem Baum gesessen. Wir sind alle hingelaufen und die Katze ist vom Baum runtergeklettert. Die Erzieherinnen haben gesagt, dass wir die Katze ganz vorsichtig streicheln dürfen und ein paar Kinder haben sich getraut. Ich war auch dabei! Die Katze hatte ein ganz weiches Fell, das hat sich schön angefühlt. Dann ist die Katze noch ein bisschen durch den Garten gelaufen und am Schluss ist sie über den Zaun geklettert und weggelaufen."

K inder erschließen sich die Welt über Sprache. Im Kindergartenalter erweitern sie ihre sprachlichen Fähigkeiten und lernen, Gedanken und Gefühle in Worte zu fassen, Fragen zu stellen, Beobachtungen mitzuteilen und wie Marie von ihren Erlebnissen zu berichten. Der Kontakt zu ihren Mitmenschen wird dadurch intensiver und vielschichtiger.

Vom Hören zum Verstehen

Eine Schlüsselrolle für die Sprachentwicklung des Kindes spielt ein gutes Sprachverständnis. Die Grundvoraussetzung dafür ist richtiges Hören. Nur das, was ein Kind richtig hört, kann es auch verstehen und nachsprechen. So kann eine Einschränkung des Hörvermögens (etwa nach einer Mittelohrentzündung) zum Beispiel dazu führen, dass das Kind ähnliche Laute nicht mehr unterscheiden kann.

Nehmen Sie deshalb unbedingt alle Vorsorgeuntersuchungen beim Kinderarzt wahr. Denn jeder Vorsorgetermin bietet eine Gelegenheit, das Gehör untersuchen zu lassen. Besonders bei der sogenannten U7a für Dreijährige konzentriert sich der Kinderarzt auf die sprachliche Entwicklung des Kindes, um mögliche Verzögerungen rechtzeitig zu erkennen.

Hörprobleme können sich negativ auf die Sprachentwicklung auswirken. Deshalb sollten Eltern unbedingt die Vorsorgeuntersuchungen nutzen!

Allerdings gehört zu einem guten Hörvermögen auch eine gute Hörwahrnehmung. Gemeint ist damit der gesamte Prozess von der Aufnahme von akustischen Reizen im Ohr bis hin zu ihrer Verarbeitung im Gehirn. Erst nachdem das Gehörte im Gehirn gespeichert und verarbeitet wurde, kann es in aktive Sprache umgesetzt werden.

Mit der Zeit speichert das Gehirn des Kindes eine immer größere Anzahl von Wörtern und verbindet mit jedem Begriff eine konkrete Vorstellung. Etwa ein Jahr vor dem Schuleintritt lernt das Kind schließlich, Wörter in Teileinheiten zu erfassen, also Silben und Anfangslaute oder Reimwörter zu erkennen. Das ist eine wichtige Voraussetzung für das Lesen- und Schreibenlernen. Als Eltern haben Sie viele Möglichkeiten, das Sprachverständnis Ihres Kindes zu fördern. Beispielsweise mit Spielen, die genaues Hinhören erfordern und die Fähigkeit der Geräusch- und Lautunterscheidung trainieren:

- Suchen Sie gemeinsam nach Namen, die mit dem gleichen Anfangslaut beginnen: Andreas, Albert, Anna, Anita, Amelie …
- Basteln Sie ein kleines Hörmemory, indem Sie je zwei Dosen mit gleichem Material füllen, zum Beispiel mit Nudeln, Grieß, Spielsteinen oder Sand. Das Kind soll durch Schütteln und Horchen versuchen, zusammengehörige Dosenpaare zu finden.

Mit kleinen Aufträgen können Sie außerdem die Fähigkeit Ihres Kindes trainieren, sich Gehörtes gut zu merken. Sagen Sie ihm vor dem Einkaufen, was Sie alles brauchen, und fragen Sie es dann im Geschäft, ob es noch alle Dinge im Kopf hat.

Der Wortschatz wächst

Im zweiten Fragealter, das heißt mit drei Jahren, beginnt das Kind, die berühmten endlosen Warum-Fragen zu stellen, die manche Eltern fast zur Verzweiflung bringen. Sein Wortschatz wird nun immer differenzierter. Das Kind erfasst allmählich abstrakte Begriffe wie Mengen (viel, wenig, groß, klein), Gefühle (traurig, froh, wütend) und Zeiten (jetzt, heute Abend, morgen) und kann sie situationsgerecht anwenden. Damit ist es in der Lage, über Dinge zu sprechen, die sich außerhalb einer gegebenen Situation abspielen: etwa über einen bevorstehenden Urlaub oder

HOPPE, HOPPE REITER…

Tipps zur Wortschatzerweiterung

Sie können Ihr Kind auf verschiedene Weise anregen, seinen Wortschatz und sein Ausdrucksvermögen zu erweitern:

- Gehen Sie auf den Wissensdurst Ihres Kindes ein, selbst wenn Ihnen die ständigen Warum-Fragen auch mal lästig werden.
- Finger- oder Handpuppen können die Fantasie und Sprechfreude Ihres Kindes anregen. Sprechen Sie es deshalb in passenden Spielsituationen mal mit einer Puppe an.
- Beziehen Sie Ihr Kind so oft wie möglich in alltägliche Tätigkeiten ein: „Bitte hilf mir, die Spielzeugkiste zu tragen, sie ist schwer!" – „Vorsicht mit der Schere, sie ist scharf!" Auf diese Weise lernt Ihr Kind die Eigenschaften von Gegenständen kennen und benennen.
- Erzählen Sie Ihrem Kind regelmäßig Geschichten und sprechen Sie anschließend mit ihm darüber. Auch das hilft ihm, neue Begriffe in seinen Wortschatz aufzunehmen.

Zum Sprechen gehört immer ein sozialer Kontext

über ein vergangenes Erlebnis. Weitere abstrakte Begriffe, die das Kind nun verwendet, sind Verhältniswörter wie „oben" oder „unten", „vor" oder „zurück", aber auch Eigenschaftswörter wie „spannend", oder „gefährlich".

Laute bilden – von A bis Z

Damit ein Kind Laute korrekt bilden kann, müssen seine Sprechorgane (Lippen, Zunge, Kiefer, Wangen, Gaumensegel, Kehlkopf und Stimmbänder) intakt und beweglich sein. Denn jedem Laut liegt ein eigenes motorisches Muster zugrunde, welches das Kind durch Hören und Nachahmen übt und kontinuierlich verbessert. Auch wenn es uns nicht bewusst ist: Ein Kind trainiert seine Mundmotorik sehr wirksam beim Essen. Beim Kauen und Schlucken muss es nicht nur Lippen, Zunge und Kiefer bewegen, sondern diese Bewegungen auch richtig koordinieren. Sie können die täglichen Mahlzeiten nutzen, um die Geschicklichkeit der Mundmotorik noch mehr zu unterstützen: Lassen Sie Ihr Kind zum Beispiel öfter mit dem Strohhalm trinken. Ermuntern Sie es, Essensreste an den Lippen und am Mundwinkel mit der Zunge abzulecken. Auch eine gute Übung: eine Kerze auspusten.

Gedichte, Zungenbrecher und Quatschverse machen Kindern Spaß und unterstützten die Sprachfähigkeit.

Die Grammatik wird perfekt

In der Grammatik und Satzbildung vollzieht das Kind einen bedeu-
tenden Entwicklungsschritt, wenn es die Kleinkindsprache ablegt: In
einem Aussagesatz stellt es das Verb nun nicht mehr ans Satzende
(„Mama Suppe kocht"), sondern korrekterweise zwischen Subjekt
und Objekt („Mama kocht Suppe"). Mit vier Jahren können
viele Kinder schon Sätze mit Nebensätzen bilden, wobei der
Satzbau zum Teil noch fehlerhaft ist. Eine weitere wichtige
Stufe ist erreicht, wenn das Kind Verben richtig konjugie-
ren kann. Dabei fällt der 2. Person Singular eine Schlüsselrolle zu: Wenn das Kind die entsprechende Verbendung
(„du machst", „du kannst") bilden kann, beherrscht es
auch die übrigen Konjugationsformen.

Mit etwa fünf Jahren lernt das Kind, Pluralformen und
verschiedene Zeitformen zu verwenden. Dadurch ist
es immer besser in der Lage, Geschichten nachzuerzählen und von
eigenen Erlebnissen zu berichten. Es verwendet jetzt des Öfteren
das Wort „weil", ein Zeichen dafür, dass es immer mehr Zusammenhänge erkennt und Diskussionsgeschick entwickelt.

Je weiter es mit der Sprachentwicklung vorangeht, desto mehr wird
Ihr Kind für Sie zum Gesprächspartner. Nutzen Sie günstige Gelegen-
heiten, um sich mit Ihrem Kind zu unterhalten. Sie bieten sich zum
Beispiel bei den Mahlzeiten. Lassen Sie Ihren Nachwuchs von seinen
Erlebnissen berichten und hören Sie ihm gut zu. Fassen Sie das Ge-
hörte zwischendurch kurz in eigenen Worten zusammen. So zeigen
Sie Ihrem Kind, dass Sie interessiert bei der Sache sind.

Auch mit Spielangeboten können Sie Ihr Kind dazu anregen, seine
Sprachfähigkeit zu verbessern:

- Verwandeln Sie sich in Gedanken in ein Tier, das Ihr Kind erra-
  ten muss: „Hast du Federn?" – „Kannst du fliegen?" – Lebst du im
  Wasser?" Damit übt Ihr Kind die richtige Satzstellung bei Frage-
  sätzen und die Verbform in der 2. Person Singular.

- Ihr Kind liegt mit geschlossenen Augen auf dem Bauch und Sie
  „behandeln" seinen Rücken mit verschiedenen Materialien. Anschließend soll es sagen, was Sie gemacht haben: „Du hast mich
  mit einem Waschlappen massiert, mit einer Feder gekitzelt etc."
  So übt Ihr Kind die Vergangenheitsform in der 2. Person Singular.

> Nutzen Sie möglichst
> viele Gelegenheiten,
> um mit Ihrem Kind
> ins Gespräch zu
> kommen.

Probleme beim Sprechenlernen

Alle vier beschriebenen Bereiche – Sprachverständnis, Wortschatz, Lautbildung und Grammatik – sind für die Sprachentwicklung von Bedeutung. Wenn Ihr Kind in einem Bereich Schwierigkeiten hat, kann das ein Hinweis auf eine Sprachentwicklungsstörung sein, die sich an folgenden Anzeichen erkennen lässt:

● Eingeschränktes Sprachverständnis: Das Kind versteht die Bedeutung von Wörtern oder Sätzen nicht.

● Eingeschränkter Wortschatz: Das Kind findet beim Sprechen die passenden Wörter nicht.

● Fehlerhafte Lautbildung: Das Kind lässt schwierige Laute aus oder ersetzt sie durch andere (statt „Frosch" sagt es „Foss" oder „Floss").

● Fehlerhafte Grammatik: Das Kind bildet unvollständige Sätze („Papa neues Auto"), baut Sätze falsch auf („Mama nach Hause geht") oder hat Probleme mit grammatikalischen Formen („der Katze").

Lassen Sie Ihr Kind vom Kinderarzt oder einem HNO-Arzt untersuchen, wenn Sie Probleme in seiner Sprachentwicklung beobachten. Dort erhalten Sie, soweit nötig, eine ärztliche Verordnung für eine logopädische Therapie. Warten Sie im Zweifelsfall nicht zu lange, damit Ihrem Kind vor dem Schuleintritt noch genügend Zeit für eine Behandlung bleibt.

> Generell gilt: Sprachliche Fehler nicht korrigieren, sondern auf den Inhalt des Gesagten eingehen und den Satz gegebenenfalls richtig wiederholen.

Wenn Kinder stottern

Etwa 20 Prozent aller Kinder durchlaufen im Alter zwischen drei und fünf Jahren eine Stotterphase. Bei den meisten handelt es sich allerdings nur um das sogenannte Entwicklungsstottern, das sich nach einiger Zeit von selbst wieder legt.

Stottern kann sich auf unterschiedliche Weise bemerkbar machen: Das Kind wiederholt Silben oder ganze Wörter mehrere Male („die-die-die F-F-Flasche"). Oder es presst Anfangslaute („B.....adewanne") oder dehnt Vokale („Voooooogelnest"). Manchmal gibt es noch andere Anzeichen: Das Kind bewegt beim Sprechen die Gesichtsmuskulatur mit oder beginnt vor Anstrengung zu schwitzen.

Dauert das Stottern länger als ein halbes Jahr an und kommen weitere Sprachauffälligkeiten wie etwa eine fehlerhafte Aussprache hinzu, so ist in der Regel eine logopädische Therapie erforderlich.

Sprachentwicklung

Alter	Das kann Ihr Kind oder wird es in den nächsten Monaten lernen
3 Jahre	• Kann einfache Sätze grammatikalisch richtig bilden • Bildet immer öfter längere Sätze • Verbindet Hauptsätze mit „und" • Beginnt Nebensätze mit „wenn", „weil" und „als" zu konstruieren • Zweites Fragealter: Stellt ununterbrochen Fragen mit den Fragewörtern „Warum?" und „Wie?"
4 Jahre	• Verwendet Pronomen (ich, du, mich, dich, mir, dir, mein, dein) • Äußert sich über Ereignisse der Vergangenheit oder Zukunft mit richtigen grammatischen Formen • Beginnt den Konjunktiv zu verwenden (könnte, würde, wäre) • Versteht die Bedeutung von Passivsätzen • Verwendet Farbbegriffe (gelb, rot, blau)
5 Jahre	• Spricht Zischlaute (s, ß, z, x) und schwierige Konsonantenverbindungen (str, spr) korrekt aus • Erzählt ganze Geschichten, jedoch oft nicht in schlüssiger Reihenfolge • Fragt nach, wenn es etwas nicht verstanden hat
6 Jahre	• Kann aus drei bis fünf vorgegebenen Begriffen einen vollständigen Satz bilden • Findet Oberbegriffe (zum Beispiel „Insekten" für „Fliege", „Hummel" und „Mücke") • Kann fließend kommunizieren, ohne über seine Sprache nachzudenken • Versteht auch komplexere Zusammenhänge

Bei allen Angaben handelt es sich um Meilensteine (siehe Seite 7). Eine ausführliche Beschreibung der Sprach- und Sprechentwicklung in den ersten fünf Lebensjahren finden Sie auf der Webseite des Deutschen Bundesverbandes für Logopädie e.V. (www.dbl-ev.de).

Kinder haben einen natürlichen Drang, ihre Umwelt zu erforschen

4

Warum schwimmen Schiffe?

Die kognitive Entwicklung

Der sechsjährige Niklas geht mit seinen Eltern oft auf einen Walderlebnispfad. *Da kann man viel Spannendes über die Tiere und Pflanzen des Waldes erfahren. Niklas' Wissensdurst kennt keine Grenzen: Wie lange lebt ein Baum? Welche Pilze sind giftig? Wie viele Stacheln hat ein Igel? Welche Spuren hinterlassen Wildtiere? Mit solchen und unzähligen anderen Fragen beschäftigt sich der Junge voller Begeisterung. Am liebsten aber geht er den Dingen durch Ausprobieren auf den Grund: Kann ich genauso weit springen wie ein Baummarder oder gar wie ein Hase? In der Tierweitsprunggrube probiert Niklas es aus. Und er hat noch ein interessantes Spiel entdeckt: Bäume vermessen. Welcher Baumstamm ist so dick, dass er ihn mit den Armen gerade noch umfassen kann? Welchen kann seine Mutter umfassen? Und welchen sein Vater?*

Mit dem Begriff „kognitive Entwicklung" ist die Entwicklung des Gehirns und seiner geistigen Funktionen gemeint. Zu diesen Funktionen gehören Intelligenz, Denken, Wissen und Sprache, aber auch Wahrnehmung, Gedächtnis und Konzentration.

In den ersten Lebensjahren entwickeln sich die kognitiven Fähigkeiten von Kindern in geradezu rasantem Tempo. Das hängt mit der Entwicklung des Gehirns zusammen. Eine wesentliche Rolle spielt dabei die Wahrnehmung mit allen sieben Sinnen: Je mehr Sinneseindrücke ein Kind in den ersten Lebensjahren aufnimmt und verarbeitet, umso strukturierter und differenzierter entwickelt sich sein Gehirn. Denn mit jeder Sinneserfahrung werden neue Verknüpfungen zwischen den Nervenzellen geschaffen beziehungsweise bestehende gefestigt – bis sich im Gehirn des Kindes allmählich eine stabile Struktur an Verschaltungen herausgebildet hat.

Die Entwicklung des Denkens lässt sich ebenso wie alle anderen Entwicklungsbereiche bis zu einem gewissen Grad beeinflussen. Dabei ist es am wichtigsten, dass ein Kind von Anfang an vielfältige Sinnesreize erhält. Denn wie am Beispiel von Niklas zu sehen ist, nehmen Kinder neues Wissen nicht nur mit den Augen oder Ohren auf, sondern mit allen Sinnen (siehe auch Kapitel 2).

Entscheidend für die Entwicklung des Gehirns sind außerdem Wiederholungen, durch die sich Eindrücke und Informationen vertiefen. Das ist in etwa vergleichbar mit einem Feldweg, in den sich im Lauf der Jahre die Spuren unzähliger Fahrzeuge gegraben haben. In ähnlicher Weise sorgen Wiederholungen dafür, dass sich Informationen im Gehirn „einspuren". Wenn ein Kind eine Tätigkeit oft wiederholt, so dient das genau diesem Zweck: die entsprechenden Informationen fest im Gehirn zu verankern.

Später ist das Kind dann auch in der Lage, Bilder zu speichern, die zum Beispiel durch eine Erzählung in seinem Kopf entstanden sind, also nur über die Hör- oder Sehwahrnehmung aufgenommen wurden. Es kann also immer besser Informationen auch ohne Hilfe von praktischen Erfahrungen aufnehmen und speichern – vorausgesetzt, sein Gehirn verfügt über die entsprechenden Grundbegriffe und Bilder.

Grundlagen der Mathematik

Mit dem Denken und der Merkfähigkeit entwickeln sich beim Kind nicht nur die sprachlichen Fähigkeiten, sondern auch Kompetenzen auf allen anderen Gebieten, darunter die Mathematik. So lernt Ihr Kind im vierten Lebensjahr bereits erste Zahlen kennen. Möglicherweise kann es schon bis fünf oder zehn zählen. Doch das ist noch kein echtes Zahlen- und Mengenverständnis, sondern eher ein Zeichen dafür, dass Ihr Kind sich Wörter gut einprägen und in der richtigen Reihenfolge wiedergeben kann. Echtes Zählen geschieht jedoch nicht allein im Kopf, sondern auch mit den Händen: Das Kind berührt zum Beispiel bei jeder Zahl eine bestimmte Menge von Gegenständen (oder zeigt mit dem Finger darauf) und ordnet die Menge der Zahl zu. Dieses Verständnis entwickelt ein Kind erst im fünften Lebensjahr. Später braucht es dann nicht mehr die Hände zum Zählen. Es genügt ihm, sich das Anfassen der Gegenstände vorzustellen. Mit sechs Jahren können fast alle Kinder bis 20, manche schon wesentlich weiter zählen. In diesem Alter sind sie außerdem in der Lage, in Einer- und Zehnerschritten zu denken. Damit haben sie die Grund-

> Lernerfahrungen, die mit positiven Gefühlen verbunden sind, prägen sich am besten ein.

Die Interessen des Kindes aufgreifen und seinen Wissensdurst stillen

Mathematische Fähigkeiten spielerisch fördern

Bei Tätigkeiten im Haushalt ergeben sich immer wieder Gelegenheiten, mit dem Nachwuchs das Zählen zu üben.

- Zählen Sie beim gemeinsamen Aufräumen laut alle Gegenstände, die Sie in die Hand nehmen. Ihr Nachwuchs wird diese „Selbstgespräche" wahrscheinlich bald nachahmen.

- Füllen Sie mit Ihrem Kind einen Obstkorb, indem Sie ihm die Früchte nacheinander in die Hand geben und dabei mitzählen. Lassen Sie Ihr Kind die Früchte einzeln in den Korb legen und nennen Sie zum Schluss die Summe: „Jetzt liegen sechs Äpfel im Korb."

- Wenn Sie Ihrem Kind mehrere Dinge in die Hand geben, benennen sie deren Anzahl: „Hier sind zwei Bonbons für dich." – „Diese drei Buntstifte gehören dir."

lage des Dezimalsystems erfasst. Das ist eine wichtige Voraussetzung für den Mathematikunterricht in der Grundschule, wo Kinder lernen, zunächst im Zehner-, dann im Hunderter- und Tausenderraum und später noch weiter zu rechnen.

Eine Vorstellung von Mengen entwickelt Ihr Kind außerdem beim Spielen mit rieselnden Materialien. Wenn es Wasser oder Sand von einem großen Behälter in einen kleinen (oder umgekehrt) schüttet, bekommt es eine Vorstellung von Begriffen wie „viel – wenig", „groß – klein", „schwer – leicht".

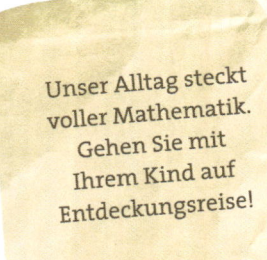

Unser Alltag steckt voller Mathematik. Gehen Sie mit Ihrem Kind auf Entdeckungsreise!

Formen und Figuren sind ebenfalls ein wesentlicher Bestandteil der Mathematik, genauer gesagt die Grundlage der Geometrie. So lernt Ihr Kind zum Beispiel, dass man aus Quadraten, Dreiecken, Kreisen und Halbkreisen ein Bild gestalten oder aus Würfeln, Quadern, Halbkugeln und Pyramiden ganze Bauwerke errichten kann. So wird der Grundstein für mathematische Fähigkeiten quasi mit den ersten Bauklötzen gelegt.

Kinder sind geborene Forscher und Entdecker

Im Vorschulalter entwickeln Kinder ein großes Interesse an naturwissenschaftlichen Themen: Durch Fragen, Beobachten und Experimentieren versuchen sie, physikalische Gesetzmäßigkeiten, biologische Vorgänge und technische Zusammenhänge zu verstehen.

Optik: Nachdem ein Kind etwa im vierten Lebensjahr die Grundfarben (gelb, rot, blau) kennengelernt hat, interessiert es sich vielleicht verstärkt für optische Experimente. Es beobachtet zum Beispiel, wie weißes Licht durch ein Prisma in seine Spektralfarben zerlegt wird.

Mechanik: Das Kind beginnt zu verstehen, dass viele Geräte dazu dienen, den Menschen die Arbeit zu erleichtern. So lassen sich Dinge in einem Rollwagen wesentlich leichter transportieren, als wenn man sie in einer Kiste über den Boden zieht.

Fahrzeugtechnik: Vor allem Jungen interessieren sich für Fahrzeuge aller Art. Aus welchen Teilen setzt sich ein Auto zusammen? Wie funktioniert ein Motor? Wozu dienen die Achsen und wie müssen die Räder daran befestigt sein, damit sie ins Rollen kommen?

Körper: Das Kind beginnt sich auch mit dem Wunderwerk des eigenen Körpers zu beschäftigen. Es versteht, dass im Organismus viele lebensnotwendige Vorgänge ohne sein aktives Zutun ablaufen: vom Herzschlag über die Atmung bis hin zur Verdauung.

Tiere: Das Kind eignet sich immer größere Kenntnisse über verschiedene Tierarten, ihre Lebensräume und ihre besonderen Eigenschaften an. So erfährt es zum Beispiel, dass Fische Kiemen haben und damit im Wasser atmen können oder dass Katzen Raubtiere sind, weil sie andere Tiere jagen.

Nachschub für den Wissensdurst

Neugierde, Tatendrang, Experimentierfreude – mit diesen Eigenschaften bringt Ihr Nachwuchs die besten Lernvoraussetzungen mit. Geben Sie ihm genügend Freiraum, um seine Umwelt zu erforschen.

- Mit etwas Fantasie können Sie zu Hause schöne Experimentierfelder einrichten. In der Badewanne kann Ihr Kind zum Beispiel mit Plastikflaschen experimentieren. Dabei wird es feststellen, dass eine leere Flasche auf der Wasseroberfläche schwimmt, weil Luft eine geringere Dichte hat als Wasser. Eine halb volle Flasche sinkt ein Stück ins Wasser ein. Und eine Flasche, die ganz mit Wasser gefüllt ist, versinkt.

- Wer viel herumkommt, sammelt viel neues Wissen. Burgen etwa sind attraktive Ausflugsziele, an denen Ihr Kind etwas über das Leben im Mittelalter erfahren kann. Auch ein Besuch im Zoo oder im Museum lohnt sich, vor allem, wenn besondere Aktionen für kleine Besucher angeboten werden, etwa eine Greifvogelschau oder eine Vorführung über Elektrizität.

Pflanzen: Im Vorschulalter wissen Kinder, dass aus einem winzigen Samenkorn eine große Pflanze heranwachsen kann und dass viele Pflanzen essbar sind. Manche Kinder können schon einige Bäume und Sträucher anhand ihrer Blätter und Früchte unterscheiden.

Konzentriert bei der Sache

Eine wichtige Rolle für das Denken und Lernen spielt auch die Konzentration. Sie beruht zwar nicht auf Intelligenz, ist aber eine Grundvoraussetzung für jegliches Lernen. Denn ohne Konzentration kann das Gehirn kaum neue Informationen aufnehmen.

Die Fähigkeit zur Konzentration ist teilweise angeboren, ist aber auch eine Sache des Alters: Je älter ein Kind wird, desto besser ist es in der Lage, seine Aufmerksamkeit zu bündeln. Dreijährige haben noch eine relativ kurze Aufmerksamkeitsspanne. Selbst wenn sie eine Sache sehr interessant finden, beschäftigen sie sich meist nur ein paar Minuten mit ihr. Bis zum Beginn der Schulzeit eignen sich Kinder dann Strategien an, die ihnen helfen, ihr Konzentrationsvermögen allmählich zu steigern: Sie lernen beispielsweise, sich gegen störende Einflüsse abzugrenzen oder eine Beschäftigung auch dann fortzuführen, wenn ihr Interesse daran nachzulassen beginnt.

Sie können Ihr Kind dabei unterstützen, seine Aufmerksamkeitsspanne mit der Zeit zu erweitern. Sorgen Sie beispielsweise für spannende und zugleich konzentrationsfördernde Spielangebote. Dazu gehören kreative Beschäftigungen wie Konstruieren, Basteln und Malen ebenso wie Puzzles oder strategische Brettspiele.

Wichtig ist auch ausreichende Bewegung, möglichst an der frischen Luft. Diese liefert den nötigen Sauerstoffnachschub und schafft den erforderlichen Ausgleich zu konzentrierten Tätigkeiten im Sitzen.

Kinder brauchen Begleitung und Unterstützung von Erwachsenen, um Antworten auf ihre Fragen zu finden.

Kognitive Entwicklung

Alter	Das kann Ihr Kind oder wird es in den nächsten Monaten lernen
3 Jahre	• Erfasst erste Mengenbegriffe (viel – wenig) • Sortiert gerne Gegenstände (zum Beispiel verschiedene Tierfiguren) oder gruppiert sie immer wieder neu • Legt Puzzles aus 15 Teilen zusammen • Beginnt Wege wiederzuerkennen
4 Jahre	• Kann gleiche Objekte von verschiedener Größe unterscheiden, zum Beispiel großer und kleiner Ball (GS) • Versteht, dass verschiedene Menschen ein Objekt aus verschiedenen Perspektiven sehen • Interessiert sich zunehmend für Sachthemen • Fängt an zu zählen • Versteht auch etwas schwierigere Spielregeln
5 Jahre	• Entwickelt genauere Mengenvorstellungen durch Vergleiche • Lernt, nach Bauanleitungen zu konstruieren • Fragt nach naturwissenschaftlichen und technischen Zusammenhängen; will wissen, wie die Dinge funktionieren • Kann sich etwas unter Geld vorstellen
6 Jahre	• Ist in der Lage, sich bis zu 20 Minuten lang auf eine Aufgabe zu konzentrieren • Kann sich kurzzeitig mehrere Dinge auf einmal merken • Unterscheidet an sich selbst zwischen links und rechts • Kann über die Zahl 20 hinaus zählen

GS = Grenzstein (siehe Seite 7)

Jedes Kind verfügt über kreative Potenziale

Punkt, Punkt, Komma, Strich ...

5

Die Entwicklung von Fantasie, Kreativität und Musikalität

„Ja, mein Schatz, jetzt schrei doch nicht so! *Gleich gibt's leckeren Grießbrei!" Melina, viereinhalb Jahre alt, steht in ihrem Zimmer vor einem umgedrehten Pappkarton, den sie zum Küchenherd ernannt hat, und rührt eifrig in einem alten Kochtopf. Nach einer Weile dreht sie den imaginären Schalter herum und zieht den Topf von der Herdplatte, wie sie es in der Küche schon oft bei ihren Eltern beobachtet hat. Dann füllt sie den unsichtbaren Grießbrei in ein Schüsselchen, schnappt sich einen Plastiklöffel und setzt sich zu ihrem hungrigen Puppenkind an den Tisch. „Hoppla, dein Lätzchen, das hätten wir beinahe vergessen! Warte, das haben wir gleich! – So, jetzt mach schön den Mund auf: Aaaah! Na, wie schmeckt dir das?"*

Kindergartenkinder sind mit einer lebhaften Fantasie ausgestattet. Sie unterhalten sich mit Puppen, Stofftieren und Gegenständen, als wären es Menschen. Im Handumdrehen können sie aus Kisten, Decken und Möbeln eine Höhle oder Burg zaubern. Mit spielerischer Leichtigkeit erschaffen sie sich ihre eigene Fantasiewelt. Das eine Mal wird das Kinderbett zum Raumschiff und das Kind zum Kapitän, der Kurs auf den Mars nimmt. Das andere Mal verwandelt sich der Geräteschuppen in ein Hexenhaus und das Kind in eine Hexe, die einen Zaubertrank braut. Dabei erfüllt das Rollenspiel verschiedene wichtige Funktionen: Das Kind tastet sich im Spiel in die Welt der Erwachsenen vor und bekommt eine Vorstellung davon, was es heißt, Verantwortung zu übernehmen. Wie Melina, die beim Mutter-Kind-Spiel ihre Puppe füttert, wickelt und schlafen legt und dabei übt, fürsorglich und mitfühlend zu sein. Außerdem kann das Kind im Rollenspiel seine Gefühle zum Ausdruck bringen und Erfahrungen verarbeiten.

Das funktioniert sehr gut auch ohne fertige Requisiten. Es ist sogar besser, wenn das Kind zum Improvisieren angeregt wird und aus einfachen Gegenständen eine Fantasiewelt schafft: aus einem Pappkarton wird eine Theke, aus Bauklötzen werden Lebensmittelpackungen, aus Spielsteinen werden Münzen – und schon ist der Kaufladen fertig! Wenn der kleine Verkäufer Sie dann in seinen Laden bittet, lassen Sie sich auf sein Rollenspiel ein. So bestärken Sie Ihr Kind nicht nur in seiner Vorstellungswelt, Sie können auch eine Menge über seinen aktuellen Entwicklungsstand erfahren. Zum Beispiel über seine kognitive Entwicklung: Wie gut kann sich Ihr Kind merken, was Sie sich als Kunde wünschen? („Ich hätte gerne ein Brot und zwei Äpfel!")

> Im Rollenspiel verarbeiten Kinder ihre alltäglichen Erfahrungen.

Malen, basteln und gestalten

Malen ist für die meisten Kinder eine äußerst anregende Beschäftigung, der sie sich mit großer Ausdauer widmen. Mit großer Hingabe stricheln oder pinseln sie, bis ihr Werk vollendet ist. Dafür brauchen sie erstaunlicherweise keine Anregungen, ihre gestalterischen Fähigkeiten entwickeln sich von ganz allein.

Ein dreijähriges Kind malt Menschen und Tiere in der Regel noch als Kopffüßler: Es zeichnet nur den Kopf, der mit Augen, Nase und Mund versehen sein kann, sowie die Beine und die Arme, während der Rumpf fehlt. Gegen Ende des vierten Lebensjahres versieht es seine Figuren mit immer mehr Details: So bekommt ein Gesicht nicht nur Augen, Nase und Mund, sondern auch Wimpern, Augenbrauen und Haare. Und ein Baum erhält nicht nur Stamm und Krone, sondern auch Zweige, Blätter und Früchte. Das Kind beginnt außerdem, verschiedene Motive in ein Bild zu integrieren, zum Beispiel ein Haus, einen Baum und eine Sonne. Es legt das Bild als Szene an und verleiht ihm damit einen erzählenden Charakter. Beim Aufbau des Bildes geht es ganz systematisch vor: Es beginnt sein Werk zum Beispiel mit einem blauen Streifen oben (Himmel) und einem grünen Streifen unten (Gras). Erst dann fügt es die Objekte in der Mitte ein (Mensch, Haus, Baum, Sonne). Mit etwa fünf Jahren beginnt das Kind, Objekte transparent zu malen. Es deutet zum Beispiel ein Haus durch Umrisse an und zeichnet die Details im Inneren ein: Zimmer, Möbel, Bewohner.

> Kreativität braucht anregende Materialien und Muße, sich entfalten zu können.

Die Freude am Gestalten wecken

Es bedarf nicht viel, um ein Kind zum Malen zu motivieren. Sie brauchen ihm nur geeignete Malwerkzeuge zur Verfügung zu stellen, zu denen es freien Zugang hat. Am besten richten Sie eine Malecke ein, wo Farben, Pinsel, Stifte und Papier liegenbleiben dürfen und Farbkleckse keinen großen Schaden anrichten. Auch Basteln und Werken fördern die kindliche Kreativität. Im Gegensatz zum Malen braucht das Kind hier jedoch Hilfe und Anleitung von Erwachsenen, um mit verschiedenen Techniken wie Schneiden, Falten, Heften, Nähen oder Kleben zurechtzukommen. Wenn Ihr Kind Freude am Basteln hat, sorgen Sie für eine möglichst große Auswahl an Materialien: Papier, Filz, Wolle, Watte, Moosgummi – in Bastelbüchern und Fachgeschäften finden Sie reichlich Anregungen. Zum Basteln eignen sich außerdem viele Naturmaterialien wie Moos, Rinde, Steine, Blätter, Kastanien oder Tannenzapfen, die Sie bei einem Spaziergang sammeln können.

ICH KOMME VOM PLANETEN A371...

Singen, Musizieren und Tanzen

Die meisten Kinder haben Freude am Singen und Musizieren. Schon die Kleinsten versuchen sich an einfachen Kinderliedern. Wenn ihnen ein Lied gefällt, stimmen sie ohne Zögern fröhlich mit ein. Und wenn im Kindergarten ein neues Lied eingeübt wurde, singen sie es zu Hause oft stundenlang weiter und zeigen, wie gut sie den Text und die Melodie behalten haben.

Im Vorschulalter beginnen Kinder außerdem, sich für Musikinstrumente zu interessieren. Ideal für Einsteiger ist ein Xylophon, mit dem Kinder nicht nur die Tonleiter ausprobieren, sondern auch mit Tempo und Rhythmus experimentieren können. Mit fünf oder sechs Jahren, wenn die Mundmotorik entsprechend entwickelt ist, können Kinder auch einfache Blasinstrumente wie Blockflöte oder Melodika spielen lernen.

Wissenschaftliche Studien haben gezeigt, dass durch Musizieren die Ausbildung von Neuronen und Verknüpfungen im Gehirn angeregt wird. Wenn ein Kind zum Beispiel regelmäßig Flöte spielt, werden dadurch schon nach kurzer Zeit entsprechende Verschaltungen im Gehirn angelegt. Je länger der Flötenunterricht andauert, desto mehr verfestigen sich die neuronalen Verschaltungen, die für die Fingergeschicklichkeit und die Hörwahrnehmung zuständig sind.

Musik regt Kinder nicht nur zum Mitsingen an, sondern löst bei ihnen auch spontan die Lust aus, sich zur Musik zu bewegen. Tanzen hat viele positive Effekte: Es schult das Rhythmusgefühl, fördert die Körperkoordination und erhöht die Ausdrucksfähigkeit des Körpers.

Musikalisch beschwingt durch den Alltag

Eine schöne Gewohnheit, welche die Musikalität Ihres Kindes unterstützt, ist das gemeinsame Singen in der Familie. Sie werden merken, dass dabei eine unvergleichliche Atmosphäre von Fröhlichkeit und Wärme entsteht. Wenn sich die vertrauten Stimmen von Menschen zu einem Chor vereinen, kommt ein starkes Gefühl von Gemeinschaft und Geborgenheit auf, das Kinder intensiv miterleben.

Sie können Ihr Kind aber auch mit Instrumenten musizieren lassen. Das müssen keine gekauften, sondern können genauso gut selbst gebastelte Musikinstrumente sein. Um zum Beispiel eine Flaschenorgel zu bauen, füllen Sie mehrere Glasflaschen mit unterschiedlichen Mengen Wasser. Sortieren Sie die Flaschen nach ihrem Füllstand und stellen Sie sie der Reihe nach auf den Tisch. Nun kann Ihr Kind mit einem Löffelstiel die Flaschen zum Klingen bringen. Dabei wird es feststellen: Je voller die Flasche, desto tiefer der Ton.

Spielerisch erst Erfahrungen mit Instrumenten sammeln

Generell ist Tanzen gut für eine ganzheitliche Entwicklung, denn es macht Kinder nicht nur körperlich und geistig beweglich, sondern sorgt auch für seelische Ausgeglichenheit.

Viele Kinder lassen sich für professionellen Tanzunterricht begeistern, wenn man ihnen das richtige Angebot macht. Dabei spielen neben dem Alter auch der Musikgeschmack und das Temperament des Kindes eine Rolle. Hier einige Möglichkeiten für Kinder im Vorschul- und Grundschulalter:

- Beim kreativen Kindertanz können Kinder ab drei bis vier Jahren spielerisch ihrem natürlichen Bewegungsdrang folgen. Den Schwerpunkt bilden Tanz- und Improvisationsspiele und die Vermittlung elementarer Tanzbewegungen. Kreativer Kindertanz bietet damit eine optimale Grundlage für jede weitere Tanztechnik.

- Auch Ballettunterricht für Kinder wird gewöhnlich ab drei bis vier Jahren angeboten. Dabei wird gezielt auf die Techniken des klassischen Balletts hingearbeitet. Dazu gehören das Training an der Stange und eine in manchen Ballettschulen relativ strenge Bewegungsdisziplin. Außerdem bieten viele Tanzschulen unter der Bezeichnung „tänzerische Früherziehung" oder „Pré Ballett" einen aufgelockerten Unterricht für die Kleinsten an.

- Jazz Dance, Hip-Hop und Breakdance werden dagegen erst ab dem Schulalter angeboten.

Starke Gefühle sind für Kinder eine große Herausforderung

Gefühle von Angst bis Zorn

6

Die emotionale Entwicklung

Lisa, dreieinhalb Jahre alt, hat in ihrem Kinderzimmer aus Bausteinen, Tüchern und Kartons ein Schloss aufgebaut. Inmitten der Märchenszene thront auf einem Schuhkarton ihre Lieblingspuppe als Königin, umgeben von ihren Untertanen, den übrigen Puppen und Kuscheltieren. Plötzlich kommt Lisas Zwillingsbruder Johannes zur Tür herein. „Was machst du da?", fragt er neugierig. „Gar nichts, geh weg!", antwortet Lisa kurz angebunden. Doch Johannes denkt nicht daran. „Ich will auch mitspielen!", mault er und als ihn Lisa mehrmals unwirsch abweist, stößt er kurzerhand den Thron mit der Puppe um. „Was soll das?", brüllt Lisa wütend und versetzt ihrem Bruder einen kräftigen Schlag, „Hau ab, du Blödmann!". „Selber blöd!", schreit Johannes und schon ist eine lautstarke Rangelei im Gange.

In den ersten Lebensjahren lernt ein Kind eine große Bandbreite an Gefühlen kennen. Die Erfahrungen, die es mit sich und seiner Umwelt macht, lösen immer neue Emotionen in ihm aus. Dazu gehören sowohl positive wie Freude, Zufriedenheit und Stolz, aber auch negative wie Trauer, Frust und Wut. Mit Letzteren umzugehen, fällt Kindern wie Lisa und Johannes aus unserem Beispiel zunächst noch schwer. Das lernen sie im Laufe der Zeit mit Unterstützung ihrer Eltern und ErzieherInnen.

Gefühle wahrnehmen und ausdrücken

In der Kindergartenzeit erwirbt das Kind die emotionalen Schlüsselfertigkeiten, die sowohl für die Entwicklung der eigenen Persönlichkeit als auch im Zusammenleben mit anderen wichtig sind:

- Es wird sich seiner eigenen Gefühle bewusst und lernt, diese zunächst in Mimik und Gestik, später auch in Worten auszudrücken.
- Es beginnt zwischen verschiedenen Gefühlen zu unterscheiden, wobei es anfangs eigene und fremde Gefühle noch vermischt. Ab dem vierten Lebensjahr beginnt es dann, zwischen seinen Emotionen und denen anderer zu differenzieren. Es lernt, bei anderen unterschiedliche Gefühlszustände wahrzunehmen, und ist so immer besser in der Lage, sich in andere hineinzuversetzen.
- Nicht zuletzt lernt es, mit negativen Gefühlen wie Wut, Trauer oder Enttäuschung immer besser umzugehen.

Wie geht es dir, wie geht es mir?

Setzen Sie sich Ihrem Kind gegenüber und versuchen Sie, durch Ihre Mimik und Gestik so deutlich wie möglich eine bestimmte Gemütslage auszudrücken: fröhlich, entspannt, nervös, gelangweilt. Ihr Kind soll die dargestellten Gefühle benennen und versuchen, sie nachzumachen. So lernt es, Stimmungen bei anderen besser wahrzunehmen.
Um eigene Gefühle mitzuteilen, kann ein Stimmungsbarometer helfen: Malen Sie auf einen langen Papierstreifen Gesichter oder Symbole, die Freude, Wut, Angst oder Traurigkeit ausdrücken, und hängen Sie es an die Kinderzimmertür. Das Kind kann dann mit einer Wäscheklammer seine aktuelle Stimmung markieren.

Ängste, Frust und Wutgefühle

Zur Bandbreite unserer Emotionen gehören nicht nur positive, sondern auch negative Gefühle. Eines davon ist die Angst. Sie spielt bei Kindern eine herausragende Rolle, etwa als Angst vor Trennung oder Liebesverlust. Kinderängste können aber noch einen anderen Hintergrund haben. Kleine Kinder haben eine sehr lebhafte Fantasie, die sich oft mit magischen Vorstellungen vermischt: Sie fürchten sich zum Beispiel vor Hexen, Zauberern, Gespenstern, Monstern und anderen Gruselgestalten, die nachts in ihr Zimmer eindringen könnten. Die Folge sind in vielen Fällen Probleme beim Einschlafen oder ein nächtlicher Umzug ins Elternbett. Diese sogenannte magische Phase dauert etwa bis zum fünften Lebensjahr an.

Ein weiterer Komplex negativer Gefühle sind Frust, Wut und Aggressionen. Auch wenn solche Gefühle in unserer Gesellschaft schlecht angesehen sind – sie gehören zur kindlichen Entwicklung dazu. Mit einem Wutausbruch wehrt sich das Kind, wie in unserem Beispiel Lisa, gegen eine als ungerecht empfundene Situation. Mit geballter Energie versucht es, eine Veränderung herbeizuführen. Wut und Aggression haben insofern eine produktive Kraft.

Wut ist erlaubt: Zeigen Sie Ihrem Kind, dass Sie auch seine negativen Gefühle verstehen und akzeptieren.

Eltern sollten sich darüber hinaus im Klaren sein, dass Wutausbrüche keineswegs immer gegen andere Personen gerichtet sind. Oft verleiht das Kind damit nur seiner Enttäuschung über sein eigenes Unvermögen Ausdruck: Die missglückte Bastelarbeit wird in die Ecke gefeuert, die klemmende Schublade mit den Fäusten bearbeitet. Ein kleines Kind erlebt jeden Tag viele Male, dass sein Drang, Neues auszuprobieren, an Grenzen stößt. Kein Wunder, wenn es seiner Enttäuschung durch Wut und Tränen Luft verschafft.

Die eigenen Ängste überwinden macht stark

Jedes Kind muss lernen, negative Emotionen zu bewältigen. Doch braucht es dazu immer wieder die Unterstützung seiner Eltern, die Verständnis für sein Verhalten aufbringen sollten. So können Sie Ihrem Kind zum Beispiel helfen, die Angst vor Gruselgestalten zu bewältigen:

● Nutzen Sie die Fantasie, der die Geister entsprungen sind, umgekehrt zur Gespensterabwehr. Schenken Sie Ihrem Kind ein großes, „starkes" Kuscheltier (beispielsweise einen Bären oder Löwen), der die Monster in die Flucht schlagen kann.

● Wenn Ihr Kind von einem Gespenstererlebnis berichtet, sagen Sie nicht: „Es gibt keine Gespenster." Schlagen Sie stattdessen vor, gemeinsam auf Gespenstersuche zu gehen. Vielleicht wird Ihnen beim Suchen ja ein Wäschestück unterkommen, das Sie ihm mit der Feststellung zeigen: „Du hast recht, das sieht fast wie ein Gespenst aus. Aber guck mal, es ist nur dein Nachthemd."

> Gestehen Sie Ihrem Kind die Angst vor Dingen zu, die Sie selbst völlig harmlos finden.

So lernt Ihr Kind, mit Frust und Wut umzugehen

Schon das Trotzalter Ihres Kindes hat Sie wahrscheinlich zur Genüge gelehrt: Es ist gar nicht so einfach, auf Wutausbrüche gelassen zu reagieren. Doch Sie können Ihrem Kind am besten helfen, wenn Sie seinem Gefühlschaos mit Ruhe begegnen und ihm festen Halt bieten.

● Zeigen Sie Ihrem Kind, dass Sie seine Gefühle verstehen, indem Sie diese ansprechen und ihm Ihre Unterstützung anbieten: „Ich weiß, du bist sehr sauer, weil du dein Polizeiauto nicht mehr finden kannst. Das kann ich verstehen. Wenn du willst, helfe ich dir suchen."

● Wenn es dem kleinen Zornbündel gelingt, seine Gefühle selbst auszudrücken – umso besser. „Ich ärgere mich so schrecklich, weil ..." oder „Ich bin jetzt richtig wütend, weil ...". Zu solchen Äußerungen sollten Sie Ihr Kind ermutigen, anstatt sie zu unterbinden.

● Oft hilft es dem Kind, Dampf abzulassen, indem es einen „Rumpelstilzchen-Tanz" aufführt, einen Packen Altpapier zerreißt oder mit einem Kochlöffel auf eine Matratze schlägt.

Bestärken Sie Ihr Kind in dem Gefühl, wertvoll zu sein

Helfen Sie Ihrem Kind, ein positives Selbstbild zu entwickeln, indem Sie es so sehen, wie es ist – und nicht so, wie Sie es sich vielleicht wünschen. Ihr Kind lernt, an sich selbst zu glauben, wenn es sich von Ihnen mit allen seinen Eigenschaften und Gefühlen wahr- und angenommen fühlt.

- Lassen Sie Ihren Nachwuchs in bestimmten familiären Angelegenheiten mitentscheiden. Es ist für Ihr Kind eine wertvolle Erfahrung, dass auch seine Meinung zählt.

- Loben Sie Ihr Kind, wenn es eine Sache gut gemacht hat, und formulieren Sie das auch entsprechend: „Ich bin erstaunt, wie schnell du dieses schwierige Rätsel gelöst hast. Alle Achtung!"

- Schenken Sie Ihrem Kind Zuwendung, anstatt es mit materiellen Gütern zu überhäufen. Zeit und Aufmerksamkeit lassen sich nicht durch Geschenke ersetzen.

- Fertigen Sie für Ihr Kind eine „Ich-Collage" an, auf der möglichst viele seiner Entwicklungsphasen festgehalten sind: die ersten Gehversuche, der Lieblingsteddy, der beste Kindergartenfreund. Hängen Sie die Collage im Kinderzimmer auf und fügen Sie immer mal wieder ein neues Bild hinzu. Das führt Ihrem Kind täglich vor Augen: „Das bin ich – und ich bin wertvoll."

Humor ist, wenn man gerne lacht. Diese Eigenschaft trifft in besonderem Maß auf Kinder zu. Die Fähigkeit, sich an lustigen Dingen zu erheitern, entwickelt sich schon im Babyalter und wächst mit den sprachlichen Fähigkeiten und dem Verständnis für Situationskomik. Ein Dreijähriges amüsiert sich zum Beispiel köstlich, wenn es Dinge sieht, die nicht zusammenpassen, wie etwa ein Pferd in Stiefeln oder ein Hund mit Zipfelmütze. Es macht ihm Spaß, wenn man ihm den Clown vorspielt, Grimassen schneidet oder einfache Nonsensreime oder Wortspielereien aufsagt. Sobald das Kind mit etwa vier Jahren über die entsprechende Sprachkompetenz verfügt, versteht es auch einfache Witze und beginnt, selbst Witze zu erzählen. Es bekommt ein immer besseres Verständnis für Wörter und Reime.

Lachen tut der Seele gut. Lassen Sie deshalb in Ihrer Familie den Spaß nicht zu kurz kommen. Erfreuen Sie sich gegenseitig mit Witzen und heiteren Anekdoten oder lesen Sie aus lustigen Büchern vor, über die Sie gemeinsam lachen können.

Auch für den Familienalltag gilt: Mit Humor geht es leichter!

Zusammen sind wir stark – eine schöne Erfahrung für Kinder

7

Ich und du und wir alle gemeinsam

Ich-Kompetenzen und soziale Entwicklung

Heute Nachmittag wollen Neles Großeltern zu Besuch kommen. *Die Mutter hat einen Kuchen gebacken und bittet die Fünfjährige, ihr beim Tischdecken zu helfen. „Das kann ich alleine!", ruft Nele und macht sich sofort ans Werk. Sie legt eine frische Tischdecke auf und stellt Kuchenteller, Tassen und Untertassen an jeden Platz. Nach einigem Überlegen entscheidet sie sich für gelbe Servietten mit rotem Rosenmuster. Sorgfältig faltet sie jede Serviette zu einem „Briefumschlag", indem sie die zwei gegenüberliegenden Ecken nach innen knickt und dann die untere Ecke darüberklappt. Dann hat sie noch eine Idee: Sie läuft in den Garten, pflückt einige Blüten vom Jasminstrauch und steckt in jeden „Umschlag" eine Blüte. Mama ist entzückt: „Nele, das sieht ja wunderschön aus!", ruft sie und ihre Tochter strahlt übers ganze Gesicht.*

In Sachen Selbstständigkeit hat Ihr Kind seit dem Kleinkindalter schon eine Menge gelernt. Sei es beim Essen, Zähneputzen oder Anziehen, es kommt immer besser ohne fremde Hilfe zurecht und legt auch immer mehr Wert auf seine wachsende Selbstständigkeit. Besonders stolz ist es, wenn es eine Aufgabe mit Erfolg erledigt hat und – wie Nele – dafür mit Lob bedacht wird.

Jeder hat eine Aufgabe

Für ein Kindergartenkind bedeutet es dennoch eine Herausforderung, erste Aufgaben in eigener Verantwortung zu übernehmen. In diesem Alter verhalten sich Kinder noch sehr impulsiv und sprunghaft. An die Bedürfnisse anderer zu denken, fällt ihnen manchmal schwer, weil in ihrem kindlich-egozentrischen Denken nun einmal die eigenen Bedürfnisse Vorrang haben. Das heißt, in ihrer Vorstellung dreht sich alles in erster Linie um sie selbst und ihre eigene Welt.

Trotzdem ist es sinnvoll, schon kleinere Kinder an verantwortliches Handeln heranzuführen. Das können zunächst Teilaufgaben sein: Das Kind kann zum Beispiel beim Tischdecken mithelfen oder regelmäßig

Wenn Kinder für kleine Dinge im Haushalt verantwortlich sind, erleben sie sich als wichtiges Mitglied der Familie.

Verantwortung übernehmen lernen

- Kinder lernen verantwortliches Handeln am besten, wenn sie spüren, dass die Eltern ihnen vertrauen. Verzichten Sie deshalb bei leichteren Aufgaben ruhig darauf, nachzukontrollieren, ob sie auch richtig ausgeführt wurden. Sagen Sie Ihrem Kind stattdessen: „Ich verlasse mich auf dich."

- Bei anspruchsvolleren Aufgaben, etwa der Pflege eines Haustiers, übertragen Sie Ihrem Kind am besten eine Teilverantwortung. Bitten Sie es zum Beispiel, dem Kaninchen täglich ein paar Salatblätter zu bringen. Dann besteht keine Gefahr, dass das Tier Hunger leidet, wenn Ihr Nachwuchs seine Aufgabe mal vergisst.

- Auch im Umgang mit unserer Umwelt können Sie Ihrem Kind Achtsamkeit und Verantwortungsbewusstsein nahebringen. Erklären Sie ihm zum Beispiel, warum Sie zu Fuß oder mit dem Fahrrad zum Einkaufen gehen, anstatt das Auto zu nehmen. Zeigen Sie ihm, wie man Müll richtig trennt und welche Abfälle in welchen Container gehören. Und weisen Sie es beim Spaziergang durch die Natur darauf hin, dass man keinen Müll liegenlässt.

kontrollieren, ob in der Toilette genug Toilettenpapier vorhanden ist. Es sollte auf jeden Fall eine Aufgabe sein, bei der kein großer Schaden entsteht, wenn das Kind sie mal vergisst. Ein Kind im Kindergartenalter schafft es meist noch nicht, die alleinige Verantwortung für ein Haustier zu übernehmen. Damit wäre es überfordert.

Regeln spielen eine wichtige Rolle in jedem Zusammenleben. Sie dienen dazu, Strukturen zu schaffen, die für alle Beteiligten gelten und an denen sich jeder orientieren kann. So weiß schon ein Vorschulkind aus Erfahrung: Bei uns zu Hause wird immer um ein Uhr zu Mittag gegessen, bei Oma und Opa um halb zwölf. Insofern sind Regeln mehr als reine Vorschriften, denn sie stillen das Bedürfnis nach Ordnung und Verlässlichkeit. Und sie schaffen ein Wirgefühl, das Geborgenheit, Halt und Sicherheit gibt.

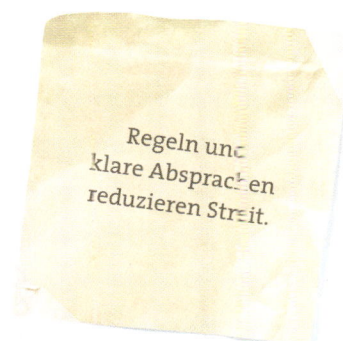

Regeln und klare Absprachen reduzieren Streit.

Regeln sollten kurz und einfach formuliert werden, sodass Ihr Kind sie verstehen kann. Erklären Sie ihm den Hintergrund jeder Regel: „Wir ziehen die Straßenschuhe aus, bevor wir ins Haus gehen, damit der Fußboden nicht schmutzig wird."

Erwarten Sie in Sachen Regeleinhaltung nicht zu viel von Ihrem Kind. Gerade kleinere Kinder neigen dazu, Alltagsregeln zu vergessen – oder auch mal aus Bequemlichkeit zu übergehen. Als Provokation sollten Sie kleine Regelverstöße jedoch nicht gleich auffassen; sie sind in den seltensten Fällen so gemeint.

Umgekehrt sollten Sie es zur Kenntnis nehmen, wenn Ihr Kind sich an vereinbarte Regeln hält, und dies auch lobend erwähnen: „Ich freue mich, dass du den Fernseher nach dem Film gleich ausgemacht hast. Wie schön, dass ich mich auf dich verlassen kann!"

Rücksicht und gutes Benehmen üben

Rücksicht, Höflichkeit und gutes Benehmen haben viel mit Respekt zu tun. Dem Kind eine entsprechende innere Einstellung beizubringen, zählt zu den anspruchsvollsten Erziehungsaufgaben, die wir als Eltern haben. Wobei Kinder nicht nur durch gutes Zureden und ein entsprechendes Vorbild lernen, sondern auch durch Erfahrung: Wer sich gut zu benehmen weiß, hat es mit seinen Mitmenschen leichter.

Drei Brötchen bitte!

Ein Mensch, der sich höflich und freundlich verhält, ern-
tet ebenso Höflichkeit und Freundlichkeit. Unhöfliches
Benehmen dagegen erzeugt Ärger und stößt auf Ableh-
nung. Die wichtigsten Verhaltensregeln, die Sie Ihrem
Kind im Kindergartenalter beibringen können, sind diese:

- Von einem drei- bis vierjährigen Kind können Sie erwarten, dass es zumindest eine Formel der Begrüßung
und der Verabschiedung kennt. Es ist völlig in Ordnung,
wenn Sie dabei ein wenig nachhelfen und das Kind de-
zent daran erinnern, ein „Hallo" oder „Guten Morgen" von
sich zu geben und vielleicht auch die Hand zu nehmen, die ihm
hingehalten wird.

- Ein fünf- bis sechsjähriges Kind sollte in der Lage sein, sich zu
entschuldigen, wenn es jemanden beleidigt oder ihm wehgetan
hat. Auch hier braucht es oft noch die Unterstützung der Eltern.

- In diesem Alter sollten Kinder auch wissen, wie man einen
Wunsch angemessen äußert: „Oma, kann ich bitte ein Glas Ap-
felsaft haben?"

- Auch gewisse Tischmanieren kann man von Fünfjährigen bereits
erwarten. Ein Kind in diesem Alter sollte wissen, dass man bei
Tisch nicht schmatzt und schlürft oder mit vollem Mund redet.

Beziehungen aufbauen, Freundschaften knüpfen

Um den dritten Geburtstag herum, also etwa zur Zeit des Kinder-
garteneintritts, beginnen Kinder, erste Freundschaften zu schließen.
Dabei handelt es sich anfangs meist um kurzfristige Beziehungen:
Das Kind tut sich bei einer Beschäftigung mit einem Spielpartner zusammen. Ist das Spiel beendet, wendet es sich einem anderen Part-
ner zu. Irgendwann merkt das Kind, dass es mit einem bestimmten
Kind besonders gut spielen kann. Das kann der Beginn
einer festeren Freundschaft sein. Die Kinder finden
sich nun häufiger zum Spiel zusammen und legen
Wert darauf, sich auch außerhalb der Kindergarten-
zeiten zu treffen. Sie sammeln gemeinsame Erfahrungen
und beginnen einander Geheimnisse anzuvertrauen. Und rasch
merken sie: Gemeinsam ist man stärker und durchsetzungsfähiger.

Ich verstehe,
dass du enttäuscht
bist.

Kontakte anbahnen helfen

Um sich auf Gleichaltrige einzulassen und Freundschaften zu knüpfen, brauchen vor allem schüchterne Kinder manchmal die Hilfe ihrer Eltern:

- Tun Sie daher den ersten Schritt und laden Sie ein Kind zu sich nach Hause ein, mit dem Ihr Kind gern spielen möchte.
- Überlassen Sie die Kinder nicht einfach sich selbst, sondern bleiben Sie zunächst dabei, bis sich die erste Befangenheit gelegt hat.
- Manchmal kann es auch gut sein, wenn Sie sich (zumindest anfangs) am Spiel der Kinder beteiligen. So können Sie sichergehen, dass jedes Kind zum Zug kommt und keines vorzeitig die Lust am Spiel verliert.
- Achten Sie jedoch darauf, dass Ihre Hilfestellung nicht in Kontrolle und Zwang ausartet. Eine Kinderfreundschaft lässt sich nicht erzwingen – doch mit Gespür und Einfühlungsvermögen können Sie günstige Voraussetzungen dafür schaffen.

Nun machen Eltern allerdings auch die Erfahrung, dass sich ihr Kind vom Verhalten seiner Spielgefährten nicht immer nur die besten Seiten abguckt. So kann es vorkommen, dass ein Dreijähriger plötzlich Schimpfwörter wie „blöde Kuh" oder „Penner" aus dem Kindergarten mit nach Hause bringt. Dabei muss dem Kind die Bedeutung der Schimpfwörter keineswegs klar sein. Es ahnt jedoch, dass es mit solchen Ausdrücken eine besondere Wirkung erzielen kann.

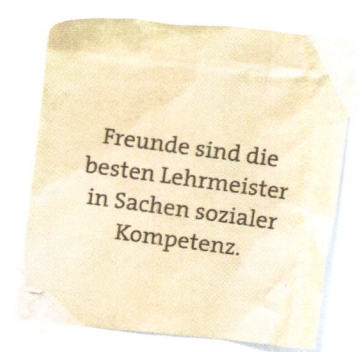

Freunde sind die besten Lehrmeister in Sachen sozialer Kompetenz.

Wenn Ihr Kind andere angreift – ob mit Worten oder Taten – versuchen Sie, möglichst gelassen zu bleiben. Es ist weder ratsam, ein solches Verhalten zu ignorieren noch ein großes Aufheben darum zu machen; zu viel Aufmerksamkeit würde das Verhalten ohnehin nur verstärken. Weisen Sie Ihren Nachwuchs jedoch ruhig darauf hin, dass Sie sein Verhalten nicht in Ordnung finden, etwa so: „Ich finde es nicht schön, dass du deine Freundin eine dumme Ziege nennst. Stell dir vor, sie würde das zu dir sagen – da wärst du doch sicher traurig!"

Von Schimpfwörtern und Streitereien

Gebraucht Ihr Kind wirklich schlimme, vulgäre Schimpfwörter, machen Sie ihm klar, dass Sie sein Verhalten nicht dulden, und erklären Sie ihm auch, warum: „Dieses Wort darfst du auf keinen Fall verwenden. Es ist eine schlimme Beleidigung. Damit kannst du jemandem sehr wehtun!"

Und was tun, wenn Ihr Kind einen Kraftausdruck gegen Sie richtet? Dann machen Sie ihm klar: „In unserem Haus reden wir nicht so miteinander. Wenn du etwas erreichen will, musst du es ohne Schimpfwörter probieren."

Auch bei handfesten Auseinandersetzungen mit anderen Kindern können Sie Ihrem Kind helfen, den Konflikt zu lösen. Wenn Ihr Dreijähriger seinem Freund beispielsweise beim Spielen den Bagger wegnimmt und es dabei zu Rangeleien kommt, verzichten Sie bitte auf Schimpfen oder Strafandrohungen. Geben Sie das Spielzeug stattdessen an seinen Besitzer zurück und erklären Sie Ihrem Kind, dass es seinen Freund immer erst bitten sollte, wenn es etwas von ihm haben will.

Sollte Ihr Nachwuchs allerdings keine Einsicht zeigen, machen Sie sich bewusst, dass Sie von Dreijährigen in Sachen Sozialverhalten noch nicht allzu viel erwarten können. Stellen Sie sich vielmehr auf einen langen Lernprozess ein. In der Kindergartenzeit wird es immer wieder Situationen geben, in denen Sie helfend eingreifen müssen, weil Ihr Kind mit einem anderen in Streit geraten ist.

> Je älter Ihr Kind wird, desto besser kann es Konflikte selbstständig lösen. Unterstützen Sie es dabei!

Wenn Geschwister streiten

Unter Geschwistern kommen Streitigkeiten besonders häufig vor. Nicht immer ist es sinnvoll einzugreifen, doch manchmal kommen Eltern einfach nicht umhin, es doch zu tun. Wenn das der Fall ist, sollten Sie sich hüten, für eines der Kinder Partei zu ergreifen. Statt als Fürsprecher einer Seite aufzutreten, lassen Sie stets beide Seiten zu Wort kommen. Fragen Sie jeden der Beteiligten, was vorgefallen ist, und versuchen Sie, durch Fragen eine Lösung anzusteuern: Was wollt ihr jetzt tun? – Meint ihr, dass das funktioniert? – Gibt es vielleicht noch eine andere Möglichkeit? Am besten ist es, einen Kompromiss anzustreben, bei dem jede Seite der anderen ein kleines Stück entgegenkommt.

Ich-Kompetenzen und soziale Entwicklung

Alter	Das kann Ihr Kind oder wird es in den nächsten Monaten lernen
3 Jahre	• Erkennt sich selbst auf Fotos und in Filmen (GS) • Kann seinen Vor- oder Rufnamen nennen (GS) • Weiß, welche Dinge ihm gehören, und verteidigt seinen Besitz • Hilft bei häuslichen Aufgaben gerne mit (GS)
4 Jahre	• Kennt sein Geschlecht (GS) • Beteiligt sich an Regelspielen (GS) • Ist in der Lage, sich in eine überschaubare Gruppe einzufügen • Kann sich bedanken und kennt mindestens eine Formel der Begrüßung und Verabschiedung • Schließt erste Freundschaften • Versucht, andere zu trösten • Wehrt sich (auch mit Worten), wenn es sich angegriffen oder ungerecht behandelt fühlt
5 Jahre	• Weiß nicht nur, welches Geschlecht es hat, sondern verhält sich auch entsprechend (GS) • Schämt sich, wenn es für einen Fehler getadelt wird, und freut sich über verdientes Lob (GS) • Lernt sich zu entschuldigen, wenn es etwas falsch gemacht hat • Versteht, dass bei einem Konflikt nicht nur andere schuld sind • Zieht Vergleiche zwischen sich selbst und anderen • Diskutiert, um seine Wünsche durchzusetzen
6 Jahre	• Übernimmt zuverlässig kleine Aufgaben im Haushalt • Versucht, entstandene Konflikte zu lösen • Organisiert eigenständig Gruppenspiele

GS = Grenzstein (siehe Seite 7)

Zum Schulkind werden Kinder Schritt für Schritt

8

A B C –
Lernen, das ist schön!

Die Förderung der Schulfähigkeit

Lennart, sechs Jahre, ist ein aufgeweckter und vielseitig interessierter Junge. *Ständig löchert er seine Eltern mit Wissensfragen. Sprachlich ist er sehr gewandt: Er kann lange, komplexe Sätze ohne grammatikalische Fehler bilden und Zusammenhänge in einer logischen Reihenfolge erzählen. Auch mit mathematisch-naturwissenschaftlichen Fragen beschäftigt er sich sehr gerne. Und doch hegen seine Eltern Bedenken, ob sie ihn dieses Jahr schon einschulen sollen. Denn in Sachen Selbstständigkeit und emotionale Entwicklung scheint Lennart den meisten Gleichaltrigen hinterherzuhinken. Er beansprucht noch immer viel Zuwendung von den Eltern und hat gelegentlich Probleme, mehrere Stunden ohne sie auszukommen. Auch macht es ihm Mühe, sich auf ungewohnte Situationen einzustellen. Und wenn er bei einem Spiel mal verliert, bricht der Junge sofort in Tränen aus.*

Ist mein Kind schulfähig? Bei der Beantwortung dieser so wichtigen Frage wollen Sie wahrscheinlich – wie Lennarts Eltern – keinen Fehler machen. Jedenfalls ist es gut zu wissen, anhand welcher Kriterien Sie die Schulfähigkeit Ihres Kindes einschätzen können.

Zunächst einmal spielen seine körperliche Konstitution und seine grob- und feinmotorischen Fähigkeiten eine Rolle. Für den Schulalltag braucht Ihr Kind Kraft und Ausdauer, schon allein um den schweren Schulranzen tragen zu können. Seine Grobmotorik sollte so weit entwickelt sein, dass es seine Bewegungen gut koordinieren und zum Beispiel einen Ball fangen kann. Es sollte außerdem ohne Mühe auf einem Bein stehen können. Außerdem sollte es Radfahren können, auch wenn es den Schulweg vorerst noch nicht allein mit dem Fahrrad zurücklegen darf. Eine gute Körperbeherrschung ist auf jeden Fall hilfreich für den Schulstart. Sie schützt das Kind vor Unfällen und gibt ihm Selbstvertrauen. Ähnliches gilt für die Feinmotorik, bei der es vor allem auf eine gute Handgeschicklichkeit ankommt: Ihr Kind sollte mit einer Kinderschere sicher umgehen können. Es sollte einen Stift richtig in der Hand halten und seinen Krafteinsatz genau dosieren können. Das gibt ihm Sicherheit und erhöht seine Ausdauer beim Schreiben, Malen und Werken. Handgeschicklichkeit ist aber auch im Umgang mit den Schulsachen wichtig, beispielsweise um Hefte und Bücher ordentlich in den Schulranzen einzusortieren. Nicht zuletzt wird in der Schule erwartet, dass sich Ihr Kind selbstständig an- und ausziehen und allein zur Toilette gehen kann.

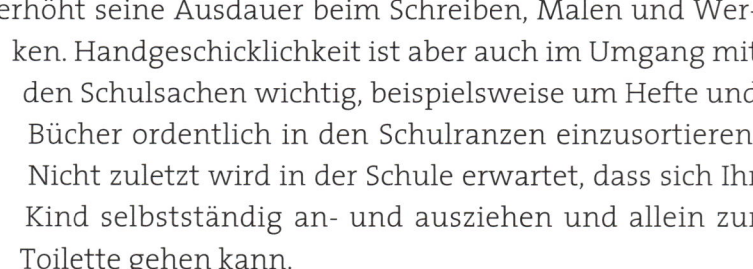

Verkrampfte Finger?

Schon vom ersten Schultag an wird Ihr Kind eine Menge Malaufgaben, später auch Schreibaufgaben zu erledigen haben. Falls Sie bemerken, dass ihm die Stifthaltung noch Mühe macht und es sich beim Malen schnell verkrampft, lassen Sie es folgende Übung machen: Es streckt seine Arme durch, spreizt die Finger und drückt sie kräftig von oben auf eine Tischplatte. Danach schüttelt es seine Hände etwa zehn Sekunden lang ordentlich aus. Wenn nötig, kann es die Übung einige Male wiederholen. So lockern sich die verkrampften Muskeln und das Kind bekommt ein besseres Fingergefühl.

Geistige Voraussetzungen

Die kognitiven Fähigkeiten Ihres Kindes spielen für die neuen Herausforderungen ebenso eine wichtige Rolle. Ihr Kind braucht sie, um in der Schule geistig aufnahmefähig zu sein. Es muss sich konzentrieren, um neuen Stoff zu erfassen und im Kopf zu behalten. Außerdem muss es lernen, aus einer Fülle von visuellen und auditiven Eindrücken das Wesentliche herauszufiltern, ohne sich zu sehr von Umgebungsreizen ablenken zu lassen. Logisches Denkvermögen und ein gewisses Verständnis für Zahlen und Mengen sollte Ihr Kind beim Schuleintritt ebenfalls mitbringen. Es sollte zum Beispiel mindestens bis zehn zählen können oder verstehen, warum ein ganzer Eimer voll Wasser nicht mehr als eine Pfütze ausmacht, wenn man ihn in ein Planschbecken schüttet. Was die sprachlichen Fähigkeiten anbelangt, so sollte Ihr Kind als Schulanfänger in der Lage sein, die Regeln der Grammatik korrekt anzuwenden und sich in vollständigen Sätzen auszudrücken. Es sollte alle Laute beherrschen und fremde Begriffe richtig nachsprechen können. Eine wichtige Fähigkeit ist außerdem die sogenannte phonologische Bewusstheit: Ihr Kind weiß, dass sich Wörter aus Silben zusammensetzen und dass jeder Buchstabe für einen bestimmten Laut steht. Das ist eine entscheidende Voraussetzung für das Lesen- und Schreibenlernen.

> Es ist normal, dass die Kompetenzbereiche bei Schulanfängern unterschiedlich ausgeprägt sind. Das braucht Eltern nicht zu beunruhigen.

Emotionale Stabilität und soziale Kompetenzen

Vor allem in den ersten Schultagen und -wochen wird Ihr Kind vielen unbekannten Menschen und Situationen begegnen. Es muss sich in die Klassengemeinschaft einfügen und mit ungewohnten Anforderungen zurechtkommen. Es sollte Verantwortung für Aufgaben übernehmen, Regeln einhalten und seine persönlichen Bedürfnisse zurückstellen, aber auch Eigeninitiative ergreifen und sich in der Gruppe behaupten können. Diese Fähigkeiten erleichtern dem Kind das schulische Weiterkommen und helfen ihm, seinen Platz in der Klassengemeinschaft zu finden.

Sollten Sie Zweifel an der Schulfähigkeit Ihres Kindes haben, fragen Sie am besten den Kinderarzt oder suchen Sie eine Erziehungsberatungsstelle auf. Auch die Schuleingangsprüfung kann Ihnen wichtige Anhaltspunkte geben. Vor allem aber sollten Sie sich mit den Erzieherinnen Ihres Kindes austauschen. Sie kennen Ihr Kind durch jahrelange Beobachtung sehr gut und können Sie kompetent beraten – auch und gerade bei der Frage, welche Rolle es spielt, wenn die Kompetenzbereiche Ihres Kindes (wie bei Lennart) unterschiedlich entwickelt sind.

Vergessen Sie bei alldem nicht, auch die Einstellung Ihres Kindes zu prüfen: Zeigt es Lust und Interesse, bald in die Schule zu gehen? Freut es sich darauf, Lesen und Schreiben zu lernen? Eifert es dem Vorbild von älteren Geschwistern oder Nachbarskindern nach, die schon „richtige Schulkinder" sind? Dann wäre ein weiteres Jahr im Kindergarten wohl nicht angebracht. Ist Ihr Kind dagegen eher schüchtern und ängstlich, tut es seinem Selbstvertrauen vielleicht gut, wenn es noch ein Jahr in der Kita verbringen darf und dort zu den Großen gehört, an denen sich die Kleineren orientieren.

> Kinder bewältigen den Einstieg in die Schule besser, wenn Kindergarten, Schule und Elternhaus gut zusammenarbeiten.

Vorbereitung auf den Schulstart

Still sitzen lernen: Das fällt gerade Schulanfängern häufig schwer. Üben können Sie das Stillsitzen, indem Sie Ihrem Kind immer mal wieder eine Beschäftigung geben, für die es Ruhe und Konzentration braucht: Puzzeln, Bilderrätsel lösen oder Perlen auffädeln.

Ausdauer üben: Wenn es Ihrem Kind schwer fällt, Aufgaben zu Ende zu bringen, helfen Sie ihm, sein Durchhaltevermögen zu trainieren. Übertragen Sie ihm zunächst kleinere Aufgaben, die wenig Zeit und Mühe erfordern, und steigern Sie dann allmählich die Anforderungen.

Selbstständig werden: Helfen Sie Ihrem Kind, selbstständig zu werden, indem Sie es Aufgaben außerhalb Ihrer Sichtweite allein erledigen lassen: im Laden um die Ecke einkaufen oder Bekannten in der Nachbarschaft eine Nachricht überbringen.

Im Alltag die Schulfähigkeit fördern

Für gute Lernbedingungen sorgen

Täglich mehrere Stunden still zu sitzen und sich auf den Unterricht zu konzentrieren, ist für ein Kind nicht nur ungewohnt, sondern auch sehr anstrengend. Schaffen Sie daher zu Hause Rahmenbedingungen, die ihm helfen, mit diesen neuen Anforderungen zurechtzukommen. Eine gesunde Ernährung ist eine zentrale Voraussetzung für einen erfolgreichen Tag in der Schule. Schulkinder befinden sich im Wachstum, deshalb ist eine vollwertige Ernährung für sie besonders wichtig. Vor allem auf eine ausreichende Versorgung mit Eiweiß, Mineralstoffen und Vitaminen kommt es an. Setzen Sie daher statt auf Fast-Food und Süßigkeiten auf gesunde Kost: Obst und Gemüse, Fisch und mageres Fleisch, Milch- und Vollkornprodukte.

Das Frühstück sollte zusammen mit dem Pausenbrot etwa ein Drittel des Tagesbedarfs an Nährstoffen decken. Ideal sind Milch oder

Eltern können ihrem Kind auf vielfältige Weise helfen, in die Rolle des Schulkinds hineinzuwachsen.

59

Kakao, Obst- oder Gemüsesaft, verschiedene Brotsorten mit Käse, magerer Wurst, Marmelade oder Honig, eventuell noch ein Schälchen Quark oder Joghurt. Daneben trägt ein gesundes Pausenbrot zu einer ausgewogenen Nährstoffversorgung bei und sorgt für den nötigen Energienachschub am Vormittag.

Bewegung tut gut

Bewegung – vor allem im Freien – ist wichtig für das Lernen. Beim Laufen und Toben an der frischen Luft wird das Gehirn verstärkt durchblutet. Das regt die Sauerstoffaufnahme und die Gehirnaktivität an und hilft, Stresshormone abzubauen.

Generell gilt: Wenn der Körper sich bewegt, wird auch der Geist aktiviert. Deshalb sollten Sie Ihr Kind bei den Hausaufgaben nicht unnötig zum Stillsitzen zwingen. Oft kann es sich ein Gedicht sogar leichter einprägen, wenn es beim Auswendiglernen im Zimmer umherlaufen darf. Und beim Rechnen hilft es ihm vielleicht, seine Schritte zu zählen. Hindern Sie Ihr Kind auch nicht daran, beim Lernen von einer Sitzposition in eine andere zu wechseln. Das lenkt es nicht ab, sondern hilft ihm eher sich zu konzentrieren. Viele Kinder mögen es auch, beim Lernen auf einem Sitzball statt auf einem Stuhl zu sitzen.

Oder wie wäre es zwischendurch mit einem kleinen gemeinsamen „Schlittschuhlauf"? Einfach Musik auflegen, Wollsocken überziehen und damit kreuz und quer übers Wohnzimmerparkett schlittern. Nach der Tanzeinlage kann Ihr Kind bestimmt mit neuer Energie zu seinen Aufgaben zurückkehren.

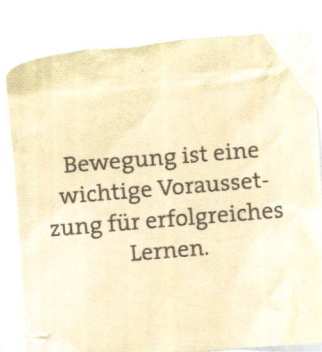

Bewegung ist eine wichtige Voraussetzung für erfolgreiches Lernen.

Entspannung und Schlaf

Sorgen Sie dafür, dass im Tagesablauf Ihres Kindes Ruhezeiten ihren festen Platz haben. Das sorgt für Ausgeglichenheit und hilft ihm auch, Konzentration und Ausdauer für seine Aufgaben aufzubringen. Manche Kinder brauchen zum Beispiel nach dem Mittagessen erst mal eine Pause, bevor sie mit den Hausaufgaben beginnen.

Ebenso wichtig für Schulkinder ist ein gesunder Schlaf. Ein Kind im Grundschulalter braucht im Durchschnitt mindestens zehn Stunden Schlaf pro Nacht. Schlafforscher haben herausgefunden, dass schon eine Stunde weniger einen merklichen Einfluss auf die kindliche Leistungsfähigkeit haben kann. Vermeiden Sie deshalb Lärm und Hektik am Abend und lassen Sie den Tag in Ruhe ausklingen.

Fernsehen und Computerspiele am Abend können sich negativ auf den kindlichen Schlaf auswirken.

Lernstrategien und Hausaufgabentipps

Damit die Hausaufgaben nicht zum Reizthema werden, hilft es, zu Hause für gute Lernbedingungen zu sorgen:

- Achten Sie auf Ordnung im Kinderzimmer. In einem Raum, der Übersicht und Ruhe ausstrahlt, kann sich Ihr Kind wesentlich besser auf seine Aufgaben konzentrieren.
- Bleiben Sie während der Hausaufgabenzeit in der Nähe Ihres Kindes und stehen Sie ihm für Fragen zur Verfügung. Doch nehmen Sie Ihrem Kind keine Aufgaben ab.
- Erfolg motiviert. Deshalb sollte Ihr Kind mit der leichtesten Aufgabe beginnen und sich die schwierigste für den Schluss aufheben. Auch Anerkennung beflügelt. Loben Sie Ihr Kind deshalb zwischendurch und motivieren Sie es so zum Weitermachen.

Bestätigung und Anerkennung sind generell sehr wichtig für das Selbstvertrauen Ihres Kindes. Zeigen Sie ihm, dass Sie seine Eigenschaften und Fähigkeiten schätzen, und vertrauen Sie darauf: Es wird seinen Weg finden.

So klappt es mit links

Falls Ihr Kind Linkshänder ist, informieren Sie die Lehrerin oder den Lehrer gleich beim Schuleintritt darüber und achten Sie auf die richtige Ausrüstung: Schere, Füller, Lineal und Spitzer gibt es speziell für Linkshänder. Die Lehrer wissen, worauf es im Umgang mit Linkshändigkeit ankommt. Das betrifft vor allem die richtige Anleitung beim Schreibenlernen: Das Papier sollte immer links von der Körpermitte des Kindes liegen und die rechte Ecke leicht nach unten gedreht werden. Die Hand bleibt unterhalb der Schreiblinie, der linke Ellenbogen liegt am Körper an, damit sich das Kind keine Hakenhandhaltung angewöhnt. Sollten Sie feststellen, dass Ihr Kind die Buchstaben anfangs in Spiegelschrift schreibt, so seien Sie beruhigt: Das ist bei Linkshändern in den ersten ein bis zwei Schuljahren normal, später gibt es sich von selbst.

Mit diesen Fähigkeiten meistert Ihr Kind den Schulstart

Motorik	• Fährt Fahrrad ohne Stützräder
	• Kann balancieren und rückwärts laufen
	• Kann sich zügig alleine an- und ausziehen
	• Geht sicher mit Papier, Stift und Schere um
	• Kann mindestens 15 Minuten still sitzen
Sprache	• Drückt sich verständlich und grammatikalisch richtig aus
	• Versteht Anweisungen und befolgt sie richtig
	• Kann kleine Geschichten nacherzählen
Emoti-onale Reife	• Ist in der Lage, mit Ängsten, Enttäuschungen und heftigen Gefühlen umzugehen
	• Kann sich in die Gefühle anderer hineinversetzen
	• Gibt auch bei schwierigeren Aufgaben nicht gleich auf
Geistige Reife	• Hört aufmerksam zu und kann sich kurzzeitig mehrere Dinge merken
	• Ist in der Lage, sich mindestens 20 Minuten auf eine Aufgabe zu konzentrieren
	• Versteht die Bedeutung von Buchstaben und Zahlen und kann mindestens bis zehn zählen
Kreative Fähig-keiten	• Erfindet gern eigene Geschichten
	• Verkleidet sich und schlüpft gern in unterschiedliche Rollen
Ich-Kom-petenzen und sozi-ale Reife	• Hält sich an Spielregeln und kann Niederlagen einstecken
	• Akzeptiert Regeln in einer Gruppe
	• Kann mit Konflikten konstruktiv umgehen, indem es verhandelt und auf Kompromisse eingeht
	• Traut sich, andere um Hilfe zu bitten
	• Ist bereit, anderen zu helfen

GS = Grenzstein (siehe Seite 7)

Zum Weiterlesen

Gerald Hüther / Uli Hauser

Jedes Kind ist hoch begabt. Die angeborenen Talente unserer Kinder und was wir aus ihnen machen
btb 2014

Das Buch räumt mit veralteten Vorstellungen von Begabung auf und zeigt, wie Eltern die individuellen Fähigkeiten ihres Kindes optimal unterstützen können.

Richard Michaelis

Die ersten 5 Jahre. Wie sich Ihr Kind entwickelt
Trias 2012

Das Buch beschreibt die jährlichen Entwicklungsschritte des Kindes, gegliedert nach Motorik und Sprache sowie kognitiver, sozialer und emotionaler Entwicklung.

Cornelia Nitsch / Gerald Hüther

Kinder gezielt fördern
Gräfe und Unzer 2014 (Neuausgabe)

Die Autoren erläutern die Entwicklung der Sinne, Motorik, Kreativität, Intelligenz, Sprache, Musikalität, Persönlichkeit und des Sozialverhaltens vom 1. bis zum 7. Lebensjahr und bieten viele Spiele und Anregungen.

Herbert Renz-Polster / Gerald Hüther

Wie Kinder heute wachsen. Natur als Entwicklungsraum. Ein neuer Blick auf das kindliche Lernen, Fühlen und Denken
Beltz 2016

Die Autoren erklären, warum die Natur der beste Lehrmeister für die kindliche Entwicklung ist. Für Eltern und alle, die wissen wollen, wie Kinder zu starken, kompetenten Persönlichkeiten werden.

Rita Steininger

Wie Kinder richtig sprechen lernen. Sprachförderung – Therapien und Elterntipps
Shaker Media 2014

Das Buch stellt vielseitige Fördermöglichkeiten für Kinder mit Sprachschwierigkeiten vor und zeigt, wie Eltern ihr Kind mit anregenden Spielen fördern können.

Rita Steininger

Das kleine Anti-Wut-Buch. Für Eltern und Kinder
Patmos 2014

Das Buch erläutert die Bedeutung und Ursachen von kindlicher Wut und zeigt anhand von Spielen und praktischen Anregungen, wie Eltern die Wutanfälle ihrer Kinder auffangen und in konstruktive Bahnen lenken können.

Die Autorin

Rita Steininger ist Autorin, Lektorin, Dozentin in der Erwachsenenbildung und Mutter von zwei Söhnen. Sie hat zahlreiche Sachbücher und Ratgeber über Erziehung, Persönlichkeitsbildung und Lebensgestaltung geschrieben, unter anderem *Das Einmaleins des fairen Streitens* und *Das kleine Anti-Wut-Buch. Für Eltern und Kinder.*
Mehr unter www.rs-textredaktion.de.

Impressum

„Das kann ich schon!" ist ein Sonderprodukt der Zeitschrift *kizz* und des Internetauftritts *www.kizz.de*.

© Verlag Herder GmbH, Freiburg im Breisgau 2017
Alle Rechte vorbehalten
www.herder.de

Fotos:
Titelfoto: Getty Images
Seite 9, 10, 26, 29, 46, 54, 59: plainpicture
Seite 4: mauritius images
Seite 22, 34: istockfoto
Seite 18, 40: Getty Images

Illustrationen: Julia Dürr, www.juliaduerr.net
Umschlagkonzeption: Beatrice Hofmann, Beeconcept, Mühltal
Umschlaggestaltung: Manuela Becher, www.schwarzwald-maedel .de
Satz und Layout: Arnold & Domnick, Leipzig
Herstellung: Graspo CZ, Zlín
Printed in Czech Republik

ISBN 978-3-451-00687-6

MIX
Paper from responsible sources
FSC® C010798